V&R

FRÜHE BILDUNG UND ERZIEHUNG

Marita Dobrick

Demokratie in Kinderschuhen
Partizipation & KiTas

Mit 25 Abbildungen und 7 Tabellen

Vandenhoeck & Ruprecht

Bibliografische Information der Deutschen Nationalbibliothek
Die Deutsche Nationalbibliothek verzeichnet diese Publikation in der
Deutschen Nationalbibliografie; detaillierte bibliografische Daten sind
im Internet über http://dnb.d-nb.de abrufbar.

ISBN 978-3-525-70114-0

Umschlagabbildung: Monkey Business Images / Shutterstock.com

Satz: SchwabScantechnik, Göttingen
Druck und Bindung: ⊕ Hubert & Co, Göttingen

Inhalt

Vorwort

In den letzten Jahren (insbesondere seit der Veröffentlichung der ersten PISA Ergebnisse) und nach der politisch gesteuerten Bildungsoffensive auf Bundesebene und in vielen Bundesländern hat sich unzweifelhaft in der elementarpädagogischen Landschaft vieles verändert. In zunehmendem Maße sollen Kinder noch zielgerichteter und noch mehr lernen, sodass die Tagesabläufe von Kindern in Tageseinrichtungen mit Lernangeboten gefüllt werden. Kindern wird damit tagtäglich ein breites Lernangebot vorgesetzt, durch das sie immer stärker in ihrem eigenen Entwicklungszeitraum *Kindheit* beschnitten werden. Elementarpädagogische Fachkräfte wollen auf diese Weise nicht zuletzt dem Vorwurf entgehen, sogenannte Zeitfenster der Entwicklung im Kindesalter geschlossen oder völlig unbeachtet zu lassen. So entsteht in der Öffentlichkeit das Bild, dass eine Frühpädagogik ausnahmslos nur dann gut ist, wenn sie möglichst viele Angebote für Kinder zur Verfügung stellt und die gesamte Zeit der Frühpädagogik damit lernausgefüllt gesteuert ist.

Viele Kindergärten, die sich als *bildungsoffensiv, qualitätsbewusst* und *lernorientiert* verstehen, legen dabei als Ausgangswert ein bestimmtes Verständnis von Elementarpädagogik ihrer Arbeit zugrunde. Erziehung in den ersten sechs Lebensjahren scheint ihren Sinn darin zu haben, *unmündige Kinder* möglichst schnell in *mündige Früherwachsene* zu verwandeln, um aus *kindlichen, spontanen Aktionisten – vernünftige, planvolle und strukturiert denkende / handelnde Menschen* machen zu wollen. *Erziehung* im elementarpädagogischen Alter bedeutet demnach, Kinder zu qualifizieren, zu verbessern und zu beeinflussen, ihre Kindheit gezwungenermaßen aufzugeben und aus ihrem *unmündigen Zustand* aufzuwecken, um als *kleine, mündige Bürger* auf eine Zukunft vorbereitet zu werden, so wie Erwachsene sich die Zukunft der Kinder vorstellen. Das Kind soll offensichtlich aus seinem *naiven* Zustand herausgeholt und in ein *aufgeklärtes Bewusstsein* geführt werden. Dabei wird es so *geformt*, dass es der Vorstellung von Erwachsenen entspricht, ein bestimmtes Fühlen, Denken und Handeln zu besitzen, um der näher rückenden Zukunft am besten schon zum aktuellen Zeitpunkt zu entsprechen. Das heißt: Die entfernt gesehene Zukunft wird in die Gegenwart hineingeholt, sodass die Zukunft zur Gegenwart gemacht wird. Diese alltagsweltliche Vorstellung von Erziehung überrascht nicht und hat eine lange Tradition. Sie ist von der Antike über die Zeit der Aufklärung, der Moderne, des Faschismus und des Kommunismus bis zur heutigen Zeit bekannt und findet sich erneut – und hier besonders stark in der aktuellen Pädagogik der *bildungsorientierten Lernpädagogik* – ausgeprägt.

Erlaubt sei ein Rückblick: Der polnische Arzt und Pädagoge Janusz Korczak hat es 1920 einmal so formuliert: »Wir belasten (Kinder) mit neuen Pflichten des Menschen von morgen, ohne ihnen die Rechte des Menschen von heute zuzugestehen« (Korczak, J. 1987, S. 73). Weiter heißt es: »Um der Zukunft willen wird gering geachtet, was es heute erfreut, traurig macht, in Erstaunen versetzt, ärgert und interessiert. Für dieses Morgen, das es weder versteht, noch zu verstehen braucht, betrügt man es um viele Lebensjahre« (Korczak, J. 1987, S. 43). Und an anderer Stelle schreibt Korczak: »Wer die Kindheit überspringen will und dabei in die fern liegende Zukunft zielt – wird sein Ziel verfehlen« (Korczak, J. 1987, S. 20).

Ausgehend von dieser Zukunftsorientierung ergibt sich notwendigerweise eine ungezählte Anzahl von Leit-, Richt- und Lernzielen, die nun die Grundlage für eine *zeitgemäße Elementarpädagogik* bilden. Kinder sollen demnach stark gemacht werden gegen Suchtverhalten – und schon hielt die spielzeugfreie Didaktik Einzug in ungezählte Institutionen. Dabei wurde in der Praxis weniger bis gar nicht die Frage gestellt, wie Suchtverhalten schon als pränatale Disposition entstehen kann, was ein Familiensystem mit der Entstehung einer solchen verfestigten Disposition zu tun hat und warum daher das Suchtproblem mehr als ein vernetztes Ganzes betrachtet werden müsste. Kinder sollten lernen, sich gesund zu ernähren und schon wurde das Essen zum *projektorientierten Lernfeld* erklärt. Anstatt eine genussorientierte Esskultur – im Sinne einer vielfältigen ausgewogenen Ernährung – zu erleben, wurden Speisen daraufhin *gemeinsam begutachtet*, was es *Gutes* oder *Schlechtes* an Speisen gibt, was *richtig* und *falsch* in der Vielfalt der Speisen existiert. Essen wurde für viele Kinder immer mehr zum *kognitiven Hürdenlauf.*

Aufgrund beobachteter Sprachauffälligkeiten im Kindesalter schossen Sprachtrainingsprogramme wie Pilze aus dem feuchten Herbstboden eines Waldes und nebenbei wurden Erkenntnisse aus der Neurophysiologie dafür genutzt, das *Zeitfenster früher Zweitsprachmöglichkeiten* für das Erlernen einer Fremdsprache durch frühes Englischlernen auszufüllen. Und dies ungeachtet der Tatsache, dass viele Kinder noch nicht einmal in der Lage waren bzw. sind, ihre Muttersprache in voller Gestaltungsvielfalt zu beherrschen bzw. zu nutzen, Sprechfreude zu entwickeln und Sprachmotivation aufzubauen, die Liebe zu Worten herzustellen und mit der eigenen Sprache kunstvoll umzugehen. Soziale Auffälligkeiten der Kinder waren bzw. sind weiterhin Anlass genug, schon mit Kindern im Kindergartenalter *soziale Trainingsprogramme* durchzuführen und es dauerte nur kurze Zeit, bis dann auch *Gewaltprophylaxe* zum didaktischen Schwerpunkt erklärt wurde. Gleichzeitig wurden Erwachsene (zu Recht) aufgeschreckt, wann immer neue Kindesmisshandlungen an die Öffentlichkeit kamen. Und schon gehörte es in elementarpädagogischen Einrichtungen dazu, ein *Stark-Mach-Programm* zu installieren, im Sinne der Offensive: »Dein Körper gehört dir. Sag nein, wenn du etwas nicht willst. Es gibt gute und schlechte Geheimnisse!«

Doktorspiele von Kindern werden in vielen Kindergärten argwöhnisch betrachtet und nicht selten kommt es dazu, dass vor allem Jungen schon im Kindergartenalter bei beobachteten Doktorspielen als potenzielle Frühtäter etikettiert werden. Anstatt sich hier einer grundsätzlichen, offensiven Sexualpädagogik zu stellen, werden lediglich Sonderbereiche betrachtet, diskutiert und auf Elternabenden oder in kollegialen Sitzungen behandelt.

Und so nahm und nimmt die didaktisierte Pädagogik ihren verhängnisvollen Lauf: Bewegungsfreudige Kinder erhalten die Möglichkeit, ihre Anspannungen und ungezügelten Kräfte kompensatorisch und in Ausblendung der Bewegungsursachen / -hintergründe im *Bewegungsraum* bzw. auf der *Bewegungsbaustelle* auszudrücken, für emotional irritierte Kinder werden *meditative Entspannungsübungen und katathyme Bilderlebnisse* angeboten oder Entspannungsstunden mit dem Arbeitswerkzeug »Wir malen ein Mandala« durchgeführt. *Feuererziehung* scheint sich bei der Behandlung ängstlicher Kinder im Kindergartenalter besonders zu empfehlen und die Fülle einer erlebnisreichen *Tasterfahrungswelt* beschränkt sich nicht selten auf künstlich hergestellte Wahrnehmungsfelder wie Tastwände und Fühlstraßen. *Hörerlebnisse* zur Differenzierung von Geräuschen *erfahren* Kinder über CD-geprägte Geräuschquellen und ein frühes Leselernen wird Kindern über *kindgerechtes Frühleselernen* beigebracht, in Ausblendung der Kenntnis, dass sich gerade die Lesemotivation über das regelmäßige Vorlesen von situationsbedeutsamen Geschichten in bindungsfreundlichen Atmosphären entwickelt.

Und schließlich werden die alten Arbeitsblätter einer vergangenen *Vorschulpädagogik* aus den verstaubten Schubladen der Materialräume wieder hervorgeholt (oder neue Arbeitsblätter gekauft), um Kinder auf diese Weise – durch tägliche kleine Arbeitseinheiten – direkt auf die Anfangssituation der 1. Schulklasse vorzubereiten. Schnell ist noch die Legitimation zur Hand: Die Kinder machen es doch gerne; die Eltern erwarten dies; die Bildung der Kinder muss doch gefördert werden; »so falsch kann das doch nicht sein.«

Wir Erwachsene – sozial- und sonderpädagogische sowie (psycho-)therapeutische Fachkräfte – sind fleißig dabei, Kinder in immer mehr pädagogisch-psychologische Arrangements zu stecken, durch die sie immer weniger in der Lage sein werden, ihren eigenen Gefühlen zu trauen, sich selbst zu entdecken und eigene Wege sorgsam mit einer entwicklungsbegleitenden (!) Hilfe zu finden. Kinder werden zwar in zunehmendem Maße theoretisch über viele Dinge dieser Welt schwatzen können, aber gleichzeitig immer weniger in der Lage sein, identisch und einfühlsam, sozial engagiert und auf der Grundlage verinnerlichter Werte ein kompetentes, ausgefülltes und glückliches Eigenleben (!) zu führen und selbstaktiv zu gestalten. Die lebensprägende Reise vom Kleinkind zum Erwachsenen wird immer kürzer, brüchiger, komplizierter und unübersichtlicher. Schon Jean-Jacques Rousseau sprach davon, dass sich die pädagogische Arbeit zuallererst an der jeweiligen individuellen Entwicklung des Kindes – nicht *der Kinder* – zu orientieren hat und nicht an dem, was nach Ansicht der Erwachsenen einmal aus den Kindern in Zukunft werden soll. Kinder müssen die Lebensphase, in der sie sich befinden, in ganzer Weite und Tiefe erleben und auskosten können, weil sie sich erst damit und dann eine feste Grundlage schaffen, um seelisch gesund in ihrer Entwicklungs- und Erfahrungswelt voran-kommen zu können.

Tatsache ist, dass das gesamte Kinderleben immer stärker einem Leben gleich kommt, das fast ausschließlich einer Aneinanderreihung von pädagogisierten Funktionsangeboten entspricht. So kann unbestritten behauptet werden, dass ein Kinder(er-)leben immer stärker eingeschränkt und bestimmt, die Kinderzeiten immer häufiger zerrissen und die Kinderwelten immer intensiver vorgegeben und gleichzeitig zerteilt werden. Es wird *für* Kinder gedacht und *für* sie geplant, Tagesangebote werden *für* Kinder arrangiert und nicht selten wird sogar *für* Kinder gehandelt anstatt zu begreifen, dass eine *Pädagogik vom Kinde aus* eine Pädagogik *mit* dem Kind ist. Viele elementarpädagogische Fachkräfte haben schon vor Jahren mit Sorge festgestellt, dass Eltern ihren Kindern in immer jüngerem Alter immer mehr Kindheitszeiten vorenthalten haben, indem sie dem öffentlichen Trend nachkamen, Kinder in entsprechenden Fördergruppen unterzubringen. Mit dem Babyschwimmen, den Krabbelgruppen und frühkindlichen Bildungsprogrammen fing es an und zog sich über die ungezählten Kurse und Trainings für Kinder weiter (Montag: Ballett / Judo; Dienstag: Flöten- / Klavierunterricht; Mittwoch: Turnen / Fußball; Donnerstag: Reiten / Handball; Freitag: Tennis / Ballett; Samstag: Sportturniere; Sonntag: vielleicht frei!?) und setzt(e) sich dann über die Kindergartenzeit fort. Viele Kinder hatten und haben ein Tagesprogramm, das dem eines zeitlich in engen Maschen befindlichen Managers nahekommt.

Betrachtet man sorgfältig die Fachliteratur im Feld der Kindheitsforschung aus den letzten 15 Jahren, fallen immer wieder dieselben Warnungen auf: Wir haben es mit *gehetzten Kindern* zu tun, Kinder stehen *unter einem vermehrten Dauerstress* und die Zunahme der *Vertreibung von Kindlichkeit* nimmt außergewöhnliche Maße an; Kinder *leiden zunehmend an typischen Managerkrankheiten*, stecken *in dramatischen Beziehungsnöten* und das *Ende der Kindheit ist eingeläutet*. Kindheit ist zunehmend *organisiert und isoliert, verplant und gesteuert*. Damit ist Kindheit heute schon lange kein Kinderspiel mehr.

Die Lösung aus dem oben beschriebenen Dilemma der Kinder und einer dogmatisierten Frühpädagogik umfasst viele Aspekte, die nur in Kürze und thesenartig skizziert werden können:

– Erwachsene müssen sich von dem Bild verabschieden, Kinder seien schon in den ersten sechs Lebensjahren zu perfektionieren.

– Erwachsene müssen die ersten sechs Lebensjahre von Kindern als einen eigenen Entwicklungszeitraum *Kindheit* begreifen und ihre gesamte Arbeit darauf abstimmen.

– Kinder brauchen eine Lernumgebung bzw. ein Umfeld im Innen- und Außenbereich, in der sie handgreifliche, unmittelbare, aktive, mit allen Sinnen, innerlich beteiligte und engagierte Erfahrungen machen können, auf der Grundlage einer aktiven Mitsprache und Mitbestimmung, die ihnen helfen, selbstständig, unabhängig und sozial beteiligt das Leben zu spüren.

– Kinder brauchen reale Handlungsräume sowie Mitgestaltungseinflüsse und keine künstlich vorgesetzten Welten.

– Erwachsene müssen Kindern Herausforderungen zutrauen, Sicherheit vermitteln, mit Kindern leben, mit Kindern fühlen, mit ihnen planen – sie müssen sich dem Kind vor sich und dem eigenen Kindsein in sich direkt und unmittelbar zuwenden.

– Erwachsene müssen sich der Perspektive der Kinder zuwenden und damit aufhören, Kinder in die Perspektive der Erwachsenen zu zerren.

– Kinder brauchen weniger eine didaktische Vielfalt an Programmen als vielmehr Bezugspersonen, die sich selbst als ein didaktischer Mittelpunkt begreifen – sie brauchen innerlich engagierte, lebendige, neugierige, staunende, mitfühlende, wissende, handlungsaktive, mutige, risikobereite, zuverlässige sowie zuhörende, zuschauende Menschen um sich herum und keine besser wissenden Rollenträger(innen), die immer noch meinen, Kinder und Situationen bestimmen / festlegen zu können.

An dieser Stelle setzt das Buch der Diplompädagogin und Supervisorin, Marita Dobrick, an. Sie plädiert sehr engagiert und fachlich fundiert für eine authentische Partizipationspädagogik, die sich im Alltagsgeschehen einer demokratisch orientierten Elementarpädagogik widerspiegelt – Tag für Tag. Weder durch ein neues, zeitaktuelles Programm noch durch eine modernistisch orientierte Sichtweise. Ihr kommt es darauf an, dem Grundbedürfnis der Kinder, Erfahrungsräume in demokratischen Verhältnissen vor Ort mitzuplanen und mitgestalten zu können, zu entsprechen.

Wie das in der Praxis aussehen kann und warum eine lebendige Partizipationspädagogik so außergewöhnlich wichtig für die gesamte Persönlichkeitsentwicklung im Sinne einer *nachhaltigen Bildung* ist, beschreibt die Autorin in ihrer Publikation Schritt für Schritt. Ihre reichhaltige, praktische Erfahrung im Feld der Elementarpädagogik kommt in ihren Ausführungen immer wieder zum Vorschein, sodass sich Praxis und Theorie immer wieder treffen.

Basale Grundlagen der älteren und modernen Entwicklungspsychologie, der Bildungsforschung und Entwicklungspädagogik bestätigen immer wieder, dass bei Kindern zunächst stets der Auf- und Ausbau einer stabilen Ich-Kompetenz (vor der Entwicklung der Sozialkompetenz) im Vordergrund steht, geht es doch hier vor allem um das Verhältnis des Kindes zu sich selbst und um seine Möglichkeiten, sich unter dem besonderen Aspekt der eigenen Interessen und Möglichkeiten mit sich sowie seinem unmittelbaren Umfeld auseinanderzusetzen. Das heißt, sich in den eigenen, vorhandenen Ressourcen zu entdecken, zu explorieren und bedeutsame Erfahrungen zu machen, um zwei persönlich bedeutsame Einstellungen zu gewinnen und in sich zu festigen:

1. »Ich bin wer. Ich bin wichtig und habe eine Bedeutung! Es ist gut, dass ich auf der Welt bin.«
2. »Ich kann was! Ich kann Dinge in Gang setzen und eigenen Interessen nachgehen! Ich kann etwas bewirken, was mich fröhlich, glücklich und entspannt werden lässt. Ich kann meine Welt mitgestalten und habe einen aktiven Einfluss auf den Verlauf der Dinge meiner Umgebungswelt.«

Dieser Ich-Kompetenz wird eine grundlegende Bedeutung im Hinblick auf die Entwicklung einer Ich-Autonomie beigemessen, die dem Kind hilft, (Selbst-) Vertrauen zu sich und zu seinem aktiven Handeln zu erlangen.

Das Buch erscheint exakt zum richtigen Zeitpunkt und wird dazu beitragen, die schon von einigen bedeutenden Wissenschaftlern und Forschern angemahnte und dringend notwendige Kehrtwende in einer zunehmend funktionsgesteuerten Vorschulpädagogik hin zu einer kinderfreundlichen, partizipatorisch verankerten Elementarpädagogik zu verstärken.

Armin Krenz
(Institut für angewandte Psychologie und
Pädagogik – IFAP – Kiel. www.ifap-kiel.de)

Kiel, Juli 2011

Vorbemerkung der Autorin

Wege   Wege verzweigen sich
Fordern Bewegung   In Auswege
Machen uns Beine   Umwege
Sind ausgetreten   Irrwege
Oder neu   Gerade oder
                                  Verschlungene Wege

Sie führen uns zu
Vertrauten Plätzen   Am Ziel
Oder ins Ungewisse   Jedoch solltest
Sie machen Hoffnung   Du sagen können:
Bergen Spannung   'I did it my way'

Werner Bethmann

Dieses Buch widme ich meinen Kindern Bastian, Tabea und Torben. Ich möchte euch und all den vielen weiteren kleinen und großen Wegbegleitern danken, die mich ermutigten, inspirierten, motivierten weiterzugehen. Einige brachten mich manchmal zum Stolpern, andere halfen mir wieder hoch, trugen mich ein Stück Weg weit oder nahmen mir Last ab.

Darüber hinaus widme ich dieses Buch allen pädagogischen Fachkräften (vor allem in den KiTas[1]), die sich nicht beirren lassen, trotz aller Diskussionen darüber, dass Kinder noch nicht als *Partizipations-Experte* beteiligt werden können, Versuche zu wagen und sich als Bündnispartner für die Kinder(-Rechte) stark zu machen; acht- und einfühlsam mit Kindern umzugehen, gewillt sind mit ihnen Macht zu teilen und ihnen obendrein eine *krea(k)tive*[2], lebendige, ent-spannende[3], fantasievolle und WERT-Schätzende Entwicklungszeit zu schenken, mit viel Zeit und Raum zum Forschen, Experimentieren und Entdecken, um die KiTa-Zeit zu einem zauberhaften, interessanten Erlebnis werden zu lassen.

---

1 Der Begriff KiTa wird nachfolgend als Synonym für die vielfältigen Formen elementarpädagogischer Betreuung drei- bis sechsjähriger Kinder verwendet, die z.B. in Kindergärten, Kinderläden, kleinen KiTas oder Kinderspielkreisen für einen Teil des Tages untergebracht sind.
2 Die Schreibweise des Begriffs krea(k)tiv soll verdeutlichen, dass etwas Neues im Sinne von lat.: creare geboren wird und das Ganze mit Bewegung und Aktivität verbunden ist
3 Ent-Spannung ist in einer doppeldeutigen Wortbedeutung zu verstehen: Ent-Spannung ist nicht langweilig, sondern beinhaltet auch immer etwas Spannendes.

Dieses Buch ist als Leitfaden und Unterstützung für pädagogische Fachkräfte[4] gedacht, die ich ermutigen möchte, den Versuch zu wagen, Kinder zu beteiligen, d.h. Kinder als Betroffene in Entscheidungsprozesse einzubeziehen und ihnen ernsthaft Einflussnahme zuzugestehen, ihnen Beteiligungsmöglichkeiten bereitzustellen und sie beim Erwerb von Beteiligungskompetenzen zu unterstützen.

---

4 Der geschlechtsspezifischen Ausdrucksweise gewahr, wird im Folgenden auf die Nennung beider Geschlechter verzichtet – wobei bei jeder genannten Profession Frauen und Männer eingeschlossen sind.

1. Zum Verständnis der Partizipation: Positionen zum Partizipationsbegriff in der Pädagogik

Abgeleitet vom lateinischen Ursprung bedeutet Partizipation: Teilnahme / Teilhabe, einen Part (Teil) übernehmen. So heißt Partizipation nicht mehr oder weniger, als dass jemand an etwas Teil hat (vgl. Grundlagentext Infostelle Kinderpolitik beim Deutschen Kinderhilfswerk e.V., S. 1).

Beteiligung ist in der pädagogischen Diskussion nicht neu. Berühmte Pädagogen wie z.B. Alexander Sutherland Neil, Maria Montessori, Ellen Key, Jean Jaques Rousseau, Janusz Korczak oder Hartmut v. Hentig haben auf der Grundlage der Bedürfnisse und der Lebenswelt von Kindern, Beteiligungsaspekte in ihre pädagogischen Konzeptionen integriert und Kinder zumindest einen Part im alltäglichen Geschehen übernehmen lassen.

Der Begriff Partizipation, eine Bündelung von Begriffen, wird inflationär verwendet und kann stufenweise folgende Bedeutungen annehmen:
- Fremdbestimmung
- Dekoration
- Alibi-Teilhabe
- zugewiesene Teilnahme
- Teilhabe (Information)
- Mitwirkung
- Mitbestimmung
- Selbstbestimmung, Demokratisierung, Mitsprache bis hin zu
- Selbstverwaltung

Dabei ist jedoch nicht jede Form für alle Bezüge gleich gut geeignet.

In den ersten drei Stufen (Hardt, R. 1992 / Gernert, W. 1993) geht es um Fremdbestimmung / Dekoration und Alibi-Teilnahme. Kinder können dabei keinen Einfluss auf das Geschehen nehmen, womit dann auch nicht von wirklicher Beteiligung gesprochen werden kann.

Beteiligungsprojekte müssen nicht immer auf höchster Ebene (Selbstbestimmung / Selbstverwaltung) angelegt sein. Es ist vom Entwicklungsstand der Kinder / Jugendlichen und vom Thema abhängig, welche Stufen als sinnvoll erscheinen. Erwachsenen sollte bewusst sein, auf welcher Stufe sie sich bewegen. Stange, W. (2002) geht sogar so weit, dass er die ersten drei Stufen (Fremdbestimmung / Dekoration / Alibi-Teilnahme) als *Fehlform*, die Stufen vier bis sieben (Teilhabe / zugewiesen / informiert / Mitwirkung / Mitbestimmung) als *Beteiligung* und die Stufen acht bis neun (Selbstbestimmung / Selbstverwaltung) als *Selbstbestimmung* bezeichnet.

Partizipation soll *nicht* als politischer Begriff – im Sinne von Teilhabe an der Macht – verstanden werden, womit die Einflussnahme auf das Geschehen innerhalb demokratischer Regelungsverläufe durch verschiedene Formen politischer Mitsprache gemeint ist. Schwerpunkt im Folgenden ist der Begriff *soziale Partizipation*, unter der allgemein die Mitwirkung von einzelnen Kindern oder Kindergruppen an Entscheidungen, die ihr eigenes Leben vorwiegend im KiTa-Alltag betreffen, verstanden werden kann. Hierzu werden die jeweiligen Wünsche und Bedürfnisse artikuliert, in eine Gruppe eingebracht und es wird versucht, mit Unterstützung anderer und ggf. der Erzieherin zu lernen, mit Macht angemessen umzugehen. Kinder sollen erleben, ihre Anliegen durch eine gute Argumentation und mit sozial akzeptierten Mitteln durchzusetzen bzw. auszuhandeln und gemeinsam Lösungen für Probleme zu finden. Vorbildfunktionen übernehmen dabei die Erzieherinnen.

Partizipation von Kindern bedeutet für die Erzieherin, dass sie freiwillig Macht abgeben muss und dennoch eine hohe (pädagogische und auch rechtliche) Verantwortung behält. Erziehung dient, wie es John B. Watson, (1968, S. 123) zu garantieren versuchte, nicht mehr ausschließlich dazu, den Charakter des Kindes beliebig oder zufällig zu formen.

Die moderne Gesellschaft profitiert dagegen von der Partizipation. Kinder sind unbekümmerter als Erwachsene und bieten ein hohes Potenzial an Krea(k)tivität. Es wäre töricht, diese Stärken nicht zu nutzen. Angesichts der raschen Veränderungen gesellschaftlicher, wirtschaftlicher und technischer Bedingungen muss die junge Generation mehr und mehr darauf vorbereitet werden, Verantwortung zu übernehmen, während die ältere Generation darauf vorbereitet wird, diese Verantwortung zu lehren.

Grundsatz und Auftrag der Förderung von Kindern in Tageseinrichtungen ist gemäß dem Erziehungs-, Bildungs- und Betreuungsauftrag im Kinder- und Jugendhilfegesetz (KJHG), die Entwicklung des Kindes zu einer *eigenverantwortlichen und gemeinschaftsfähigen Persönlichkeit* zu unterstützen.

Das schleswig-holsteinische Modellprojekt *Die Kinderstube der Demokratie* (Hansen, R. 2003) hat – unterstützt vom Forschungsprojekt *Partizipation ein Kinderspiel* des DJI (2001) – herausgefunden, dass die Beteiligung der Kinder in den Köpfen der Erwachsenen beginnt. Ebenfalls wurde festgestellt, dass der Beteiligung von Kindern nichts im Wege steht – außer vielleicht die Unentschlossenheit der Erwachsenen.

Der Erfolg hängt folglich von der Grundhaltung der Verantwortlichen und Betroffenen ebenso ab wie von verschiedenen Kriterien, z.B. von der angewandten Methode.

Zusammengefasst ist Partizipation weder Kindertraum noch Kinderspiel, sondern aus der Sichtweise eines KiTa-Kindes (Bortfeld 2000), einfach und treffend umschrieben: »Partizipation ist ein ganz schön schwieriges Wort.«

Die Erwachsenen möchte ich an dieser Stelle, mit nachfolgendem Zitat, ermutigen sich furcht- und bedenkenlos auf den Weg zu machen und Teilhabe als demokratisches Recht und folglich auch als demokratische Pflicht anzuerkennen – als Motor für beeindruckende Selbstbildungsprozesse:

Wo kämen wir hin
wenn alle sagen
wo kämen wir hin
und niemand ginge
um einmal zu schauen
wohin man käme
wenn man ginge
Kurt Marti

Partizipation stellt nach den Erfahrungen im Modellprojekt (Hansen, R. 2003) den Schlüssel zu Bildung und Demokratie dar.

1.1 Kinder sind unsere besten Lehrer

Das Gedicht *Kinder sind unsere besten Lehrer* von Violet Oaklander verdeutlicht, dass das Kind niemals einseitig, d.h. als rein kognitiv lernendes Wesen betrachtet werden kann, das be*lehrt* werden muss, und dass eigentlich nur der erforderliche Raum notwendig ist, um zu lernen. Selbst Fröbel misst dem Raum als drittem Erzieher eine hohe Bedeutung zu.

Kinder sind unsere besten Lehrer
Sie wissen bereits,
wie man wächst,
wie man sich entwickelt,
und entdecken,
was gut ist
und was schlecht
für die Menschen ist
und welches seine
Bedürfnisse sind.
Sie wissen bereits,
wie man liebt und
fröhlich ist
und das Leben ausschöpft,

wie man arbeitet,
stark und voller
Energie ist.
Alles was sie brauchen,
ist der notwendige
Raum dafür.

Violet Oaklander

Aus kinesiologischer und anthroposophischer Sichtweise ist bekannt, dass der Wissenserwerb ganzheitlich organisiert ist und beide Gehirnhälften sowie möglichst alle Sinne anregen soll. Ein Kind entdeckt, erforscht und gestaltet seine Welt durch eigenwillige Tätigkeiten ganzheitlich, d.h. mit allen Sinnen.

Hirnforscher sprechen vom Lernen durch *Glücksgefühle* (Hüther, G. 2004), *Ko-Konstruktionen, Synapsen Bildung* und *inneren Bildern* (Schiffer, E. 2004), z. B. durch Liedtexte wie: *Wo ein Mensch Vertrauen gibt* (Baltruweit, F. 1977) oder *Von guten Mächten wunderbar geborgen* (Bonhoeffer, D. 1977). Auch in den skandinavischen PISA-Siegerländern wird deutlich, dass Lust und Leistung zusammengehören (vgl. Videofilm von Kahl, R. 1993: *Schulen am Wendekreis der Pädagogik*).

Im Berliner Bildungsprogramm (2005, S. 11) ist zu entdecken, dass Bildung/Lernen eine eigensinnige Aneignungstätigkeit des Kindes, ein aktiver, sozialer, sinnlicher und emotionaler Prozess der Aneignung von Welt ist. Die Ziele dazu begründen sich auf ethisch-normativen Überzeugungen innerhalb unserer demokratischen Gesellschaft und auf einer Analyse der Gesellschaft mit Blick auf die vom Kind benötigten Kompetenzen (ebenda, S. 26ff.), damit es in der Welt, in der es aufwächst, bestehen kann und handlungsfähig bleibt bzw. wird. Diese Kompetenzen gliedern sich aus diesen Gründen in:

- *Ich-Kompetenzen* (Autonomie): Das Kind soll sich zunächst seiner selbst bewusst werden, den eigenen Kräften vertrauen, selbstverantwortlich handeln, unabhängig und eigeninitiativ sein.
- *Soziale Kompetenzen* (Solidarität): Das Kind soll in der Lage sein, soziale Beziehungen aufzunehmen und so zu gestalten, dass sie von gegenseitiger WERT-Schätzung geprägt sind, und es soll in der Lage sein, unterschiedliche Interessen auszuhandeln.
- *Sach-Kompetenzen*: Das Kind soll sich die Welt aneignen, sachliche Lebensbereiche erschließen, theoretisches und praktisches Wissen und Können aneignen, Wahrnehmungs- und Ausdrucksfähigkeit entwickeln.

Dies wird mit Blick auf das lebenslange Lernen unterstützt durch:
- *Lernmethodische Kompetenzen*: Das Kind soll ein Grundverständnis davon

erwerben, dass man lernt, was und wie man sich selbst Wissen und Können aneignet, von anderen lernt und Unwichtiges von Wichtigem trennt.

Die Stärke der Kinder liegt in der freigesetzten Fantasie, ihren Ideen, den entwickelten Visionen und nicht in Ausführungsplänen.

Auf Grundlage der Reggio-Pädagogik formuliert Dreier (1993, S. 76) Partizipation: »Wir müssen dem Flirt mit der Welt eine Chance geben.« Ein Kind, das aktiv ist und sein kann, bildet sich immer, lernt aus eigenem Antrieb und will in dieser Welt Bedeutsames leisten, was auch in dem nachfolgenden Rückblick auf die eigene Kindheit der Autorin (Kapitel 1.2 und 1.3) beispielhaft verdeutlicht werden soll.

1.2 Freiräume und Erfahrungsräume zulassen

Ein Rückblick auf meine eigene Kindheit, meine Lehrer, aufgewachsen auf dem Land, in einer begrenzten, aber scheinbar heilen Welt, lässt gute, aber auch schlechte Erinnerungen und Lern- / Lehr-Erfahrungen wach werden. Exemplarisch soll er einführend zum Verständnis beitragen, dass Freiräume zum Entfalten[1] selbst für junge Kinder notwendig sind. Kinder sind demnach – bereits in vielfältigen Bereichen – Experten für Beteiligung und damit unsere besten Lehrer. Wir als Erzieher müssen es nur gelassen zulassen, dass wir Lehrende und Lernende zugleich sind.

Im Anschluss finden Sie eine Liste mit der selbstbiografischen Auseinandersetzung der Autorin und ihrem eigenen Zugang zur Partizipation. Die *Mutterschul* von Comenius (vgl. Elschenbroich, D. 2001, S. 34ff.) stellt die Grundlage der nachfolgenden Aufzählungen dar.

Eine selbstbiografische Auseinandersetzung:

Ich blicke zurück auf eine wohlbehütete Kindheit in den Nachkriegsjahren. Es ist die Geschichte eines Wirtschaftswunderkindes. Den Stolz einen Volkswagen (Käfer) zu haben, teilte ich mit meiner Familie ebenso wie die Freude daran, damit Ausflüge mit befreundeten Familien unternehmen zu können. Es passten mindestens neun Leute hinein. Wir Jüngsten durften in den Kofferraum. Der VW-Käfer hatte zu damaliger Zeit hinter den Rückbänken einen Kofferraum (mit Guckloch-Fenster). Hier konnten wir Kinder – ungestört von Erwachsenen – Wolkenträume spinnen und erste Astronomie-Erfahrungen sammeln.

Ernsthafte Teilhabe und Beteiligung erlebten wir als Kinder bei der Feldarbeit

---

1 Kinder brauchen wie zarte Blütenblätter Platz, um sich zu entfalten, sich mit ihren Kompetenzen und Bedürfnissen auszubreiten.

mit Oma Lina. Beteiligt waren wir u.a. bei der Kartoffelernte. Auf Knien mussten die Kartoffeln ausgerodet, das Kraut abgeschüttelt, Kartoffeln aufgesammelt und eingesackt werden. Gegessen wurden *Hasenbrote*, (sie hießen so, weil die Jäger in ihren Rucksäcken geschmierte Brote und noch warme Hasen gleichzeitig trugen, Wurst und Butter verschmolzen dann mit dem Brot). Auf dem Feld entfachten wir abends ein Kartoffelfeuer aus Kartoffelkraut, indem wir echte Kartoffeln garten, die wir dann genießen konnten.

Meine andere Oma Lieschen hatte im Nachbarort einen kleinen Laden. In den Weihnachtsferien waren wir Kinder für die Inventur verantwortlich und durften jedes kleine und große Teil gewissenhaft zählen und aufschreiben. Uns wurde recht früh etwas zugetraut.

Wir Kinder lernten auch ohne Bildungspläne und Erzieherinnen von und miteinander: Wir waren Lehrende und Lernende zugleich.

- *Optica:* Farben unterscheiden lernten wir beim Murmeln, Ballspielen oder beim Entdecken der verschiedenfarbigen Eissorten und Früchte, die wir mit allen Sinnen genossen: Kirschen, Johannisbeeren, Holunder, Kaffeebohnen, Heidelbeeren und Äpfel, frisch von eigenem (oder Nachbars-)Baum.
- *Physica:* Unterschiede zwischen Regen, Schnee, Eis, trockener Baumrinde, Gewächsen, Fröschen, Pferden und Hunden erforschten wir ebenso wie die Wasserqualitäten im Moor, im Bimmengraben oder in der Kieskuhle. Wir konnten dort ungestört Erdkuhlen bauen, auf Bäume klettern oder uns hinter Büschen verstecken. Im Winter rodelten wir mit unseren Schlitten die Böschung hinab. Abends wurde eimerweise Wasser auf die Rodelbahn getragen. Die urigen, geerbten handgefertigten Schlitten hatten alle Eigennamen. Wir überlegten uns bei Regen, ob wir weniger nass werden, wenn wir schnell fahren. Egal, nass wurden wir sowieso, also konnten wir uns auch Zeit lassen.
- *Geometrie*: Erste Kenntnisse der Maße eigneten wir uns selbst an. Bedeutsam waren für uns das Kaffeebohnen-Abzählen, beim Schlachten Wurstzutaten-Abwiegen, genaues Abmessen beim Tortenguss oder Eierstich-Zubereiten. Beim Bau unserer Buden und Butzen ging es konkret um statische Berechnungen. Wie ein Haus gebaut wurde, musste uns nicht erklärt werden, wir beobachteten die Maurer und probierten es anschließend selbst aus. Damals war das Betreten der Baustelle erlaubt. Wir nutzten die Steine, um eigene Räume zu kreieren, und fühlten uns wie im Königsschloss.
- *Chronologie*: Stunden, Tage, Wochen und Jahreszeiten unterscheiden, das lernten wir ganz nebenbei. Am schlimmsten war es für uns, das Zeitmanagement der Erwachsenen zu verstehen, wenn sie es z.B. wagten, unser Spiel zu unterbrechen (»Ihr könnt morgen weiter spielen«) – das verstanden wir nie. Das hieß immer wieder neu anfangen am nächsten Tag. Die Chance, die im Neubeginn lag, wollten wir nicht einsehen.

- *Politica:* Dass der Bürgermeister eine besondere Bedeutung hat, erlebten wir beim Schützenfest, wo er vom Umzug abgeholt wurde. Etwas Besonderes war für uns auch die Rolle eines Bandenführers beim Räuber- und Gendarmenspiel.
- *Konfliktlösungsstrategien / Frustrationstoleranz:* Diese Kompetenzen erlernten wir natürlich und nebenbei (*concomitant learning*). Es gab selbstverständlich auch Streitereien, Kämpfe wie *Dorf gegen Horst, Räuber und Gendarm* oder Äußerungen von Kindern wie z.B. »Jetzt bist du nicht mehr meine Freundin.« Alles mussten wir selbstständig regeln, Lösungen entwickeln und Frustrationen zu tolerieren lernen.
- *Feste feiern:* Kindergeburtstage spielten eine besondere, genussvolle Rolle in unserem Alltag. Mohrenköpfe und Arme Ritter (in Milch geweichte halbe Brötchen, in der Pfanne gebraten und anschließend in Zucker getaucht) aßen wir mit Hingabe. Auf meinem Geburtstag gab es sogar Erdbeereis, das mein Opa Willi selbst gemacht hatte. Natürlich gab es auch (bescheidene) Geschenke. Erinnern kann ich mich an einen Ball, auf den ich sehr stolz war. Onkel Klaus brachte mir aus Paris sogar einen kleinen Eiffelturm-Anstecker und ein bunt bedrucktes Seidentuch mit. Eigentlich nur Kleinigkeiten, aber unvergessen – bis heute.
- *Integration:* Und dann waren da noch die Schrecks, eine Melkerfamilie mit ganz vielen Kindern (mindestens fünf) – eigentlich ganz nett. Wir sollten nicht mit den *Schmuddelkindern* spielen, zumal sie *Ausländer* waren. Wir Kinder verstanden nicht warum. Wir setzten uns über die Gebote hinweg, weil es bei denen ausgerechnet die besten (außer meinen eigenen) Geburtstagstorten gab. Wir gingen heimlich hin und waren auch ohne Geschenk willkommen.
- *Schriftspracherwerb:* Schreiben haben wir schon vor der Schule von den Großen gelernt – mit Stöcken im Sand. Und Opa Willi (Bäckermeister) las mit uns Kindern. Er nahm sich die Zeit, auch am Schlachte-Festtag, wenn alle anderen Erwachsenen beschäftigt waren.
- *Lebenspraktisches Lernen:* Das Schlachten eines Schweins begann früh morgens, wenn es noch dunkel war. Wir hörten nur den Knall, denn leider durften wir nicht dabei sein. Wenn das Schwein aufgeschnitten, aufgehängt und zu Wurst verarbeitet wurde, durften wir aber zuschauen und mithelfen, z.B. beim Blutrühren und Wurst machen. Abends wurde das Schlachte-Fest gefeiert. Die ganze Familie versammelte sich dazu im Wohnzimmer. Es gab frisches Mett, Brühe (die kannenweise auch an die Nachbarn verteilt wurde) und für die Kinder eine kleine Wurst.
- *Handwerkliche Geschicklichkeit:* Geübt haben wir beim Kartoffelsäcke zum Budenbauen zuschneiden, zubinden, Kartoffeln schälen, Beeren, Kirschen pflücken, Blut rühren, Obstboden belegen, Eierstich zubereiten u.ä. Eine Lebenspraktische Übung war für uns auch das Wasserschöpfen aus dem Brunnen.

Schwimmen lernten wir im Kiessee. Die Großen passten auf die Kleinen auf und zeigten ihnen die Schwimmbewegungen. Ein alter Schlauch gab uns Halt. Sicherheit bekamen wir, wenn wir bemerkten, dass wir von Tag zu Tag mehr Schwimmzüge beherrschten.

- *Geografie*: Den eigenen Heimatort und elementare geografische Bezeichnungen und Bedeutungen wie Kieskuhle, Kiessee, Moor, Ziegenfeld, usw. kennenlernen, geschah in meiner Kindheit spielerisch nebenbei.

Um ein Kind zu erziehen, braucht's ein ganzes Dorf (Stadt), sagen die Reggio-Pädagogen (*Reggianer*) – was wahrscheinlich auch ihren Erfolg ausmacht.

Die Idee des Zusammenwirkens vieler Kompetenzen in einer Gemeinschaft (Sozialaggregat), bedeutet das Schöpfen des Wissens aus einer ganzen Stadt (Dorf) zu nutzen. Ein Baustein, damit das Kind die Fähigkeit erwerben kann, mit der Welt in hundert Sprachen zu kommunizieren (vgl. van der Voort, D. 2004, S. 122).

Wir hatten ein solches Sozialaggregat. Jeder kannte und achtete auf jeden, unterstützte uns Kinder, beteiligte uns an seinem Wissen, begleitete uns und stand zu uns in mehr oder weniger enger Beziehung. Erzieher – ebenso wenig wie einen Kindergarten – gab es (zum Glück) nicht, nur Oma Kühnemund, die, glaube ich, früher einmal Kindergärtnerin gelernt hatte und der es ab und zu gelang, uns zum Basteln zu motivieren mit geheimnisvollen und besonderen Dingen wie Muscheln oder UHU. Begleitet hat mich auch ein Stück Oma Konrad, eine Frau vom Dorfende, die mich häufig zu Fuß mit zum Einkaufen ins Dorf nahm (~2 km). Mir bleibt das Balancieren auf dem Bordstein und ihre helfende Hand in Erinnerung. Sie gab mir Halt im doppelten Sinn.

- *Ökonomie*: Die verschiedenen Verwandtschaftsbeziehungen lehrten uns das Verständnis der Ökonomie.
- *Fremdsprachenerwerb*: Onkel Otto Bösche, einer der Nachbarn, war Schuster und Komiker in einem. Er kam aus französischer Kriegsgefangenschaft und brachte uns erste französische Wörter bei. Obendrein lehrte er uns, wie man sich ohne eine fremde Sprache zu beherrschen mimisch und gestisch ausdrückt.
- *Einfühlungsvermögen / Empathie*: Einfühlen, das lernten wir so nebenbei. Ich erinnere mich an eine Situation, in der sich die Jungs unseres Dorfes prügelten. Mein Bruder Wilfried war mit dabei. Ich konnte es nicht ertragen zuzusehen und fuhr schnell wie der Blitz nach Haus, um meine Mutter zu holen. In solchen Notsituationen sind Erwachsene doch nützlich und hilfreich. Wir wussten uns zu helfen oder ließen uns helfen.
- *Medienerziehung*: Fernsehen konnten wir nicht – so etwas gab es bei uns zu Hause erst sehr viel später. Bei weltbewegenden Ereignissen (z.B. das Gruben-

unglück von Lengede) versammelte sich die Nachbarschaft bei der Familie Bösche in der Wohnstube. Und sonntags versammelten nur wir Kinder uns dort vorm Fernseher zur Augsburger Puppenkiste.

– *Anteilnehmen und Geben*: Zum Ausgleich wurde unser Telefon von den Nachbarn ab und zu genutzt. Es stand auf der Treppe, daneben eine Glasschale, in die jeder Nutzer einen Groschen legte.

– *Ungerechte Strafen, Regeln und Grenzen*: Die schlimmste Strafe waren Schläge, die ich einmal von meiner Mutter bekam, weil sie mich beim Rauchen erwischt hatte (da war ich höchstens acht Jahre alt). Heimlich weiter geraucht habe ich trotzdem, versteckt im Gebüsch – bis zu meinem 16. Lebensjahr. Von da an war es uninteressant, erlaubt und nicht mehr cool.

– *Musica*: Viele Lieder lernten wir in der Schule und im Kindergottesdienst oder wir brachten sie uns gegenseitig bei, wie z.B. *Wir bilden 'nen Idiotenklub* oder *Der Plumpsack geht rum*.

– *Poesia*: Fräulein Gläser brachte uns im Kindergottesdienst wunderbare Lieder und Kreisspiele (z.B.: *Dornröschen*) bei. Diese konnten wir auf Geburtstagen dann schon allein nachspielen und den Kleineren beibringen.

– *Schulmeister*: Eingeschult wurde ich in unserer kleinen Dorfschule. Wieder ein weiter Weg, den ich mir verkürzte, indem ich erst Rainer abholte. Ich war fasziniert von der anderen Familienkultur. Seine Mutter putzte ihm täglich noch die Schuhe. Dann ging's durchs Moor – naturwissenschaftliche Bildung nebenbei. Ab und zu fingen wir kleine Frösche, deren weitere Entwicklung wir zu Hause in einer Quarkschachtel auf der Fensterbank beobachteten. In unserer Schule hatten wir zwei Klassenräume. Wir sechs Kinder unseres Jahrgangs (ich war das einzige Mädchen) saßen in einer kleinen Tischgruppe, während die Großen noch in Pultreihen im Nachbarraum sich z.T. selbst unterrichteten. Über allem wachte wohlwollend der Schulmeister Kaseburg. Eigentlich waren die Pausen das Schönste. Es gab Joghurt in Gläsern. Ich genoss das besondere Vertrauen unseres Schulmeisters und durfte immer zum benachbarten Bäcker gehen und für ihn eine Bildzeitung und eine Cola holen. Es gab auch Vertretungslehrer. Am liebsten mochte ich Herrn Wrede. Ich glaube, er mich auch. Später auf der höheren Schule in Edemissen hatte ich ihn wieder als Lehrer. Er verhalf mir zu einer Eins in Handarbeit, obwohl ich unbegabt war, was den Umgang mit Nähmaschinen betraf. Ich beeindruckte ihn mit Batikarbeiten und er konnte meine Handarbeitslehrerin von meinem künstlerischen Talent und kreativem Potenzial überzeugen. Ungerecht fand ich, bei aller Dankbarkeit, dass die Jungs bei ihm mit Kopfnüssen gestraft wurden oder vor die Tür gebeten wurden und sich übers Geländer legen mussten, wo es Schläge mit seinem Krückstock gab.

– *Arithmetica*: Bis Zwanzig zählen lernte ich eigentlich zu Hause beim Ballspielen. Kopfrechnen fiel mir schwer, aber zum Glück gab's in der Schule Tischnachbarn, die mir immer vorsagten.

- *Historia:* Hier fallen mir eigene Kurerfahrungen ein, verbunden mit negativen Erinnerungen. Meine Gefühle waren denen von Ruth C. Cohn (1987) nicht unähnlich. Sie legte sich als Siebenjährige auf ihrer Kur einen Zettel unters Kopfkissen: »Ich verspreche mir, dass ich meine Kinder nie so leiden lassen werde.«

1.3 Frühe Kindheit als ideales Bildungsmilieu

Ich sehe viele Parallelen meiner eigenen Kindheit zur – auch heute noch zeitgemäßen – Mutterschul von Comenius, in der gelassen von weisen Erwachsenen (Mutter, Vater, Oma, Nachbarn, Lehrer) Kinder ermutigt wurden. Altersgemischte Kindergruppen haben unterstützend Grenzen gesetzt, Aufmerksamkeit und Neugierde geweckt, die Beobachtungsgabe geschärft. Es wurde nicht nur mit dem Kopf gelernt, sondern auch Gemüt und Hände beteiligt. Angelehnt an Maslow (Kapitel 3.2: Die (kindlichen) Bedürfnisse) konnten wir unsere physischen Bedürfnisse ebenso wie die Bedürfnisse nach Sicherheit, Zugehörigkeit, Liebe, Achtung und sogar nach Selbstverwirklichung befriedigen.

Wissen war für Comenius (Seeger, J. und Keller, L.1964, S. 37) ein Kanon, zuallererst persönliches, in primären Beziehungen verankertes Wissen.

Er spricht sogar schon von vorgeburtlichem Lernen, von Anfängen der Weisheit im Mutterschoß – lange Zeit unbeachtet, heute im Zuge der Krippen und Hirnforschungsdiskussionen aktueller denn je.

Comenius hat die Mütter geschätzt, ihren Bildungsauftrag anerkannt. »Nicht *Präzeptores* und *Prediger* sollen die ersten Lehrer des Kindes sein«, so schreibt er, »sondern, worin die Kinder geübet werden, das könnten die Mütter am besten« (Elschenbroich, D. 2001, S. 37). Die Mutterschul von Comenius (škola materská, 1626) war für Kinder und Mütter aller Schichten konzipiert. Er beschrieb damit die Erziehungsaufgaben für die ersten Jahre. Und das war nicht wenig, was da aufgebaut werden sollte.

Es begann mit der Grundhaltung zum Kind: *Temperantia*, damit war nicht nur gemeint, dass die Kinder die Zehn Gebote lernen und befolgen sollten, sowie durch diese einen gewissen Schutz erfuhren. Seine Vorstellungen gingen darüber hinaus, entsprechend dem heutigen Erziehungsziel Sozialverhalten.

Die Notwendigkeit Kinder zu beschützen wird deutlich, indem wir Comenius zuhören, am Beispiel des Erlebens seiner Lateinschule. Comenius spricht von *Geistesfolter* (1985, S. 100). Folter war zu seiner Zeit etwas sehr Konkretes – gottferne Gewalt am Menschen. Er plädierte dafür, dass die *vernünftige Kreatur*

Mensch so nicht behandelt werden kann. Der Mensch wird zum Nicht-Mensch durch Zwang zum Gehorsam. »Gewalt sei ferne den Dingen« ist das Motto der *Pansophie*, seines Spätwerks (vgl. Elschenbroich, D. 2001, S. 37). Eine zur damaligen Zeit ungewöhnliche – auch heute noch fast aktuelle Sichtweise. Kinder haben zu gehorchen, haben Pflichten gegenüber den Älteren, obwohl die Rechte der Kinder heute gesetzlich verankert sind (vgl. Kapitel 4.9: Die Rechte der Kinder beachten). Sie haben Rechtsansprüche gegenüber den Eltern und den Älteren, worauf im weiteren Verlauf dieses Buches noch näher eingegangen wird.

Comenius sieht es darüber hinaus als Aufgabe der Mutter, dem Kind Grundkenntnisse der Künste, der *Artes*, zu vermitteln, die im vorherigen Abschnitt im Rückblick auf die eigenen Anfänge der Verfasserin Beachtung fanden. Eine fast unendliche Geschichte, über die Jahrhunderte hinweg mit Comenius in einen Dialog zu treten, ist eine spannende Sache: Kombinationen von Lebenserfahrung, Kompetenz, Vorahnung und Fachwissen, ein offener Kanon; mehr Spirale als geschlossener Kreis, als Angebot und Möglichkeit.

Unklar, ob es seine Stimme des guten Willens ist, seine Haltung, sein ehrfürchtiger und sachlicher Umgang mit den Phänomenen der Natur und des Sozialen. Er setzt beim Kind Nähe und Verständnis voraus; bemüht sich um Einfachheit. Tolerant und sachlich erläutert er den Kindern im *Orbis Pictus* z.B. den Islam – den *mahometischen Glauben*. Er ist ein Verfechter der sanften Pädagogik: Das Kind soll nicht unbedingt belastet werden. Dabei malt er aber auch keine heile Welt aus, sondern ebenso Folter, Marter und Todesstrafe.

Comenius hat nicht nur Kindheit und Jugend, sondern das gesamte Leben des Menschen als Lernen, als eine Schule verstanden, das comenianische System ist nicht geschlossen. Lebenslang versteht sich Comenius als ein Lernender: »Ich danke meinem Gott, dass er mich mein ganzes Leben hindurch einen Mann der Sehnsucht hat sein lassen« (Comenius in Dieterich, V. J. 1995, S. 40: Große Didaktik).

Bildung ist zu Beginn des 21. Jahrhunderts wieder zu einer der großen Aufgaben geworden, die der größeren Öffentlichkeit vor Augen geführt wurde durch die Diskussion über die PISA-Studie.

Welche großen Möglichkeiten, die Jahre vor Schulbeginn für die Erschließung des Weltwissens bieten, sollte an den Beispielen deutlich werden. Die frühe Kindheit sollte als ideales Bildungsmilieu verstanden werden und damit eine Umkehr der gängigen Wertepyramide im Bildungswesen einhergehen.

Spannend wäre es, eine ähnliche Liste zu entwickeln, mit den eigenen und den Erfahrungen heutiger Kinder. Nachfolgend dazu eine Tabelle, die einige Leserinnen vielleicht dazu motiviert.

Tab. 1: Bildungserfahrungsvergleich

Comenianisches System	Eigene frühe Kindheits-Bildungserfahrungen	Heutige Bildungs erfahrungen
Optica		
Physica		
Geometrie		
Chronologie		
Politica		
Konfliktlösungsstrategien		
Frustrationstoleranz		
Feste feiern		
Integration / multikulturell		
Ins Schreiben hinein		
Handwerkliche Geschicklichkeit		
Geographia Lebenspraktisches Lernen		
Ökonomia Medien		
Gemeinwesenorientiertheit Nachbarschaftshilfe		
Temperantia Regeln		
Ungerechte Strafen		
Dialectica		
Musica		
Poesia Schulmeister		
Arithmetica		
Historia		

1.4 Spurensuche mit Erwachsenen

Die Spurensuche mit Erwachsenen ist eine weitere Methode, um zu entdecken, sich einzufühlen und zu erinnern, was Kinder er-/ entmutigt und ihnen Wurzeln gibt. Hoch hinauf kann nur, wer tief verwurzelt ist. Tiefe Wurzeln sind *Not-wendig*, um an der Spitze anzukommen wie im *Maslowschen' Pyramidenmodell* (vgl. Bottenberg, E. H. 1996, S. 24) auf dem persönlichen Weg zur Selbstverwirklichung.

Immer wieder tauchen Situationen auf, in denen Kinder selbstverständlich beteiligt, geachtet und Wert-geschätzt werden, was ihnen Flügel verleiht und sie beflügelt:

Ich wünsche dir Flügel
Die dich tragen
Leicht und beschwingt
Über alle Grenzen
Alle Hindernisse
Nicht um zu fliehen
Aber um anzukommen
Sie gehören dir
So lange du
Sie brauchst
Flieg einfach los
Gabi Ebbighausen

Um Erwachsene zu ermutigen, Kinder an allen Entscheidungen, die sie betreffen / betroffen machen, zu beteiligen, begab ich mich auf Spurensuche nach weiteren biografischen Ursprüngen von Beteiligungsfreiräumen.

Die Erinnerung erleichtert das Einfühlen in Bedürfnisse und Wünsche von Kindern.

Wer sich
seiner eigenen Kindheit
nicht mehr
deutlich erinnert,
ist ein
schlechter Erzieher
Marie von Ebner-Eschenbach

An dieser Stelle möchte ich allen Erwachsenen (Eltern, Lehrerinnen, Lehramt-Studentinnen, Erzieherinnen, Spielkreisgruppenleiterinnen, Kirchentagsbesucherinnen, angehenden Diplom-Pädagoginnen, Pastorinnen, dem Landessuperintendenten, einer Kinderärztin, einem Schulamtsdirektor …) danken. Sie haben sich auf meine Leitfragen eingelassen. Sie begaben sich mit mir gemeinsam auf Spurensuche und begannen sich für das Thema Partizipation zu interessieren.

Die beiden hilfreichen Leitfragen lauteten: Wo hast du dich als Kind geachtet gefühlt? Wo hast du dich als Kind missachtet gefühlt?

Spannend bei dieser Methode der Spurensuche war immer wieder, keine Liste der Antworten vorzulesen. Ich stellte die Frage immer wieder neu. Dadurch kam ich mit vielen verschiedenen Menschen partizipatorisch ins Gespräch. Ich konnte sie einladen und beteiligen, über Erziehung und Bildung ernsthaft selbst nachzudenken, sich und etwas zu entwickeln, Leerstellen zu füllen, sich zu erinnern, einzufühlen und daraus zu lernen, Kindern krea(k)tiv Freiräume / Erfahrungsräume zuzugestehen.

Nachfolgend eine kleine Auswahl der Umfrageergebnisse:

Antworten auf die Frage: Wo hast du dich als Kind geachtet gefühlt?
- Wenn ich beim Familienrat meine Meinung äußern konnte.
- Wenn mir Vertrauen entgegen gebracht wurde.
- Wenn ich als Erstklässlerin meine jüngeren Geschwister zum Kindergarten bringen und abholen durfte.
- Als ich den Hochzeitsschleier meiner Tante tragen durfte.
- Als ich z.B. meine Kindergeburtstage selbst vorbereitet habe.
- Wenn meine Eltern sich Zeit für mich genommen haben.
- Wenn meine Mutter ihre Hausarbeit unterbrochen hat, um sich um meine Belange zu kümmern.
- Getröstet zu werden, wenn ich traurig oder ängstlich war.

Antworten auf die Frage: Wo hast du dich als Kind missachtet gefühlt?
- Wenn meine Mutter wichtige Sachen nur mit meinem älteren Bruder besprochen hat.
- Wenn ich meine Meinung nicht sagen durfte bzw. nicht ernst genommen wurde.
- Wenn ich bei Misserfolgen kritisiert wurde, obwohl ich mich schon selbst genug ärgerte.
- Wenn ich nach einer Missetat insgesamt nur noch schlecht gemacht wurde.
- Wenn ich vor anderen bloßgestellt (gemaßregelt) wurde.
- Wenn ich vorgeführt wurde.

2. Der Bildungsauftrag der KiTa

Bildung, Erziehung und Betreuung sind als Auftrag zur Förderung von Kindern in Tageseinrichtungen und in Tagespflege im Achten Sozialgesetzbuch (KJHG) festgeschrieben (§ 22, Abs. 2). Das Leistungsangebot soll sich pädagogisch und organisatorisch an den Bedürfnissen der Kinder und ihrer Familien orientieren. Jedem einzelnen Kind sind dadurch gute Chancen unabhängig von seiner Herkunft und seinen individuellen Möglichkeiten zugesichert.

2.1 Das Bedürfnis nach Bildung

Auf unterschiedlichen Ebenen wird aktuell darauf hingewiesen, dass der eigenständige Bildungsprozess in den Gesamtauftrag der KiTa integriert werden muss, ohne die Erziehungs- und Betreuungsaspekte zu vernachlässigen.

Der 11. Kinder- und Jugendbericht (2002) misst dem Thema Bildung einen hohen Stellenwert zu, vor allem auch in den Bereichen, die die internationale Leistungsuntersuchung PISA als besonders defizitär ausgewiesen hat. Dies sind insbesondere der Bereich der frühen Förderung in Kindergärten und Grundschulen, einschließlich der Reform der Erzieherinnen-, sowie der Bereich der Lehrerinnen-Aus- und Fortbildung (vgl. BMFSFJ, 2002, S. 9). Zunehmend stehen heute Schlüsselqualifikationen, z.B. Sozial- und Methodenkompetenz, Sprach- und Kommunikationsfähigkeit, eine demokratische Grundhaltung und entsprechende Organisations- und Problemlösefertigkeiten, im Blickpunkt.

Der Bildungsauftrag der KiTa soll verstärkt, qualitativ gesichert und weiterentwickelt werden. Dadurch werden der Stellenwert frühkindlicher Bildungsprozesse und die Bildungsleistung der KiTa hervorgehoben.

Bildung heißt nicht Belehrung: Vielmehr erobern sich die Kinder die Welt durch Neugier, Experimentieren und selbstständiges Gestalten. Den Erwachsenen kommt dabei die Aufgabe zu, die Lebensumwelt des Kindes anregend so zu ordnen, dass die Aktivität des Kindes herausgefordert wird. Es soll ihm die nötige Sicherheit gegeben werden und es soll unterstützt werden, eigensinnig seinen Interessen zu folgen.

Erforderliche Veränderungsprozesse – die Kinder und Erzieher gleichermaßen herausfordern – und einen Perspektivwechsel hinsichtlich der Bildungsinhalte mahnt auch Elschenbroich (2001, S. 15ff.) mit ihrer provokativ unterstützenden Aussage an, dass ein Kind heute rund 4000 wache Stunden in einem Kindergarten verbringt. Sie könnten die lebendigsten, unvergesslichsten Stunden des Lebens sein. Leider sind sie es oftmals nicht.

Nicht brav oder stark müssen unsere Kinder werden, sondern wach und intelligent. Sigmund Freud sprach sogar von der *strahlenden Intelligenz* der Kinder im Vorschulalter: ihre großzügige Ausstattung mit Talenten, ihre unerschrockene Erfinderlust, ihre Begeisterung fürs Lernen … Deutlich gemacht z.b. durch Krabbelkinder, die ehrliche Lerner sind, unermüdlich fallen, wieder aufstehen …

Selbst Goethe (1811) bemerkt : »Wüchsen die Kinder in der Art fort wie sie sich andeuten, so hätten wir lauter Genies.« Diese Aussage weist auf das verschwenderische Entwicklungspotenzial und die besondere Bedeutung des Bildungsauftrags der Einrichtungen der Kinderbetreuung im Vorschulalter hin. Für ein gelingendes Aufwachsen wird ihre Verantwortung betont, der nur durch eine Einheit von Betreuung, Erziehung und Bildung entsprochen werden kann. Dabei kommt der Bildung – auch im Sinne der Förderung der Selbstbildung – eine grundlegende Bedeutung zu. Im Vorschulalter können wichtige Grundlagen für die weiteren Bildungsprozesse und für die Herausbildung von Fähigkeiten für das lebenslang notwendige Lernen und Aneignen komplexer Zusammenhänge gelegt werden.

Es wäre nun fatal, wenn wir die pädagogische Aufgabe auf den Bildungsaspekt beschränken und vergessen, auf die Einheit von Betreuung, Erziehung unf Bildung hinzuweisen. Hier sind die drei wichtigen Aspekte pädagogischen Handelns:

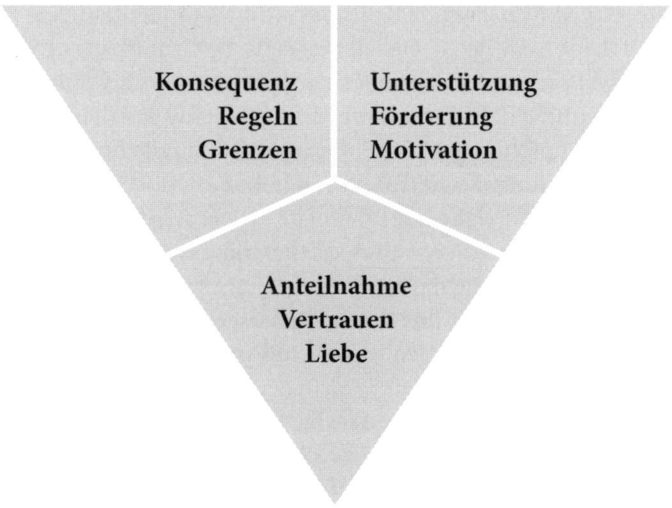

Konsequenz   **Unterstützung**
Regeln   **Förderung**
Grenzen   **Motivation**

Anteilnahme
Vertrauen
Liebe

Abb. 1: Einheit von Betreuung, Bildung und Erziehung (Strätz, R. 2002, S. 7)

2.2 Individualisierung und kompensatorische Bildung

In allen Bundesländern gibt es jetzt Bildungs- und Erziehungspläne für KiTas. Der bayerische Plan beschreibt z.B. Basiskompetenzen, die bei Kindern bis zur Einschulung gefördert werden sollen. Beteiligung von Kindern findet darin Beachtung als Lernfeld für gelebte Demokratie (Bayerisches Staatsministerium für Arbeit und Sozialordnung, Familie und Frauen / Staatsinstitut für Frühpädagogik, München. 2003, S. 86ff.).

Es ist davon auszugehen, dass sich vielfältige Beteiligungsformen, konzeptionell auf den Entwicklungsstand und die Bedürfnisse der Kinder zugeschnitten, bereits für Kindergartenkinder eignen. Fünf- bis Sechsjährige sind durchaus in der Lage sich aktiv einzubringen. Auch jüngeren Kindern ist es ein Bedürfnis, zumindest zuhörend und / oder zusehend mit dabei zu sein. Sie erwerben dadurch passive Beteiligungskompetenz, die sie später selbstverständlich anwenden können.

In den Bildungseinrichtungen sind ressourcenorientierte Ansätze notwendig, die bei den Stärken des einzelnen Kindes ansetzen und auf weitere Stärkung des Kindes abzielen (vgl. Bayerischer Bildungs- und Erziehungsplan für Kinder in Tageseinrichtungen bis zur Einschulung. 2003, S. 45 f.).

Der entsprechende ethische ebenfalls neuartige Begriff heißt *Beteiligungsgerechtigkeit* (Molinski, W. 2001, S. 21). Dieser Begriff resultiert aus der in unserer modernen Gesellschaft immer dringlicher werdenden Notwendigkeit, Kinder und Jugendliche an der gesellschaftlichen Verantwortung und Weiterentwicklung teilhaben zu lassen.

Die positive und motivierende Perspektive ist zugleich mit der Sicht auf das Kind als *Bewältiger und Mitgestalter* seines eigenen Lebens verbunden. Dazu gehört auch, dass das Kind lernt seine internen und externen Ressourcen effektiv zu nutzen und einzusetzen. Diese Perspektive setzt demnach auf individueller Ebene an (Primärprävention) und vermittelt dem Kind wichtige Basiskompetenzen, um das Gelernte engagiert und kompensierend (Minderwertigkeitsgefühle durch Vorstellungen oder Handlungen ausgleichend) bis in die Arbeitswelt von morgen zu tragen.

2.3 Politische Bildung

Demokratielernen kann leicht als politischer Bildungsaspekt missverstanden werden. Zu einer ganzheitlichen Sichtweise gehört selbstverständlich auch die Teilhabe an der Gesellschaft, d.h. Mehrheitsentscheidungen herbeizuführen und zu respektieren, Minderheitenschutz zu beachten (nicht nur Schoko- sondern ab und zu auch Vanillepudding anzubieten). Strätz (2002) appelliert in seinen

Fachvorträgen die Erzieher, die Kinder zu ermutigen sich einzumischen. Hansen (2003, S. 4) erläutert, dass politische Bildung in der KiTa zwar befremdlich klingt, anders als im Jugendalter es in der KiTa aber nicht um die Vermittlung politischen Wissens gehe als vielmehr um die Entwicklung politischer Persönlichkeiten. Dazu gehören außer der Haltung, sich für die eigenen Belange und die der Gemeinschaft zuständig zu fühlen, auch Kompetenzen, sich konstruktiv streiten zu können. Es geht folglich darum, seine eigenen Interessen zu vertreten, aber auch um das Hineinversetzen in andere und Aushalten, wenn man sich nicht durchsetzen kann. Politische Bildung als Selbstbildung (vgl. Kapitel 3.1: Das humanistische Bild vom Kind) kann nur handelnd erworben werden. Alltägliche Partizipationsmöglichkeiten von Kindern, die Basis unserer demokratischen Kultur, fördern den sozialen Zusammenhalt und die gesellschaftliche Solidarität sowie die Akzeptanz der zentralen Werte und Normen der Zivilisation unserer Gesellschaft. Ruth C. Cohn sprach von *Zuvilisation*. Einen Begriff der noch treffender klingt. Deutet er doch daraufhin, dass in unserer zivilisierten Gesellschaft vor allem den Kindern zu viel angeboten wird. Wie Armin Krenz im Vorwort bereits mahnte, sei darauf zu achten, Kinder vor einem zu viel an Angeboten zu schützen.

Es ist wichtig, Demokratie schon in der KiTa einzuüben und zu implementieren. Kinder sollen so früh wie möglich lernen, ihre Grundbedürfnisse mitzuplanen und mitzusteuern. Dies wird unterstützt durch das Kinder- und Jugendhilfegesetz SGB VIII (1991), in dem die Entwicklung des Kindes zu einer eigenverantwortlichen und gemeinschaftsfähigen Persönlichkeit als übergreifendes Ziel frühkindlicher Bildung und Erziehung bundesweit herausgestellt wird. Die meisten länderspezifischen KiTa-Gesetze, z.B. §§2 und §§3 Nds. KiTaG, unterstützen diese Forderung nachdrücklich.

Hansen (2002) spricht vom Erwerb individueller Schlüsselqualifikationen wie Mündigkeit, Urteilsfähigkeit, Entscheidungsarmut und Flexibilität durch Partizipation in der KiTa. Er bezeichnet die pädagogische Tätigkeit der Erzieherinnen (un-)gewollt immer auch als politische Erziehung.

Zusammengefasst wird die Bedeutung frühkindlicher (politischer) Bildung mit Elschenbroich (2001, S. 16) deutlich: »Ein demokratischer Charakter kann nur in frühen Jahren sozial und psychologisch grundgelegt werden. Die Beteiligung von Kindern und Jugendlichen bedeutet Wagnis und Weiterentwicklung unserer Demokratie.«

2.4 Die Gegenwart, aber auch die Zukunft sehen

Beklagt wird die Politikverdrossenheit Jugendlicher. Anlass genug, möglichst frühzeitig und präventiv – mit Partizipationsprojekten – die Grundsteine für eine demokratische Gesellschaft zu legen.

In den aktuellen Qualitätsdiskussionen im Elementarbereich wird eine Pädagogik befürwortet, die das Kind, seine Kompetenzen, Ressourcen und Bedürfnisse stärker als bisher berücksichtigt. Pädagogische Programme werden daran gemessen, inwieweit sie Kinder unterstützen und fördern, widerstandsfähig (resilient) zu werden und (normative) Ereignisse sowie schwierige Lebensumstände angemessen zu bewältigen. Der aus dem englischen stammende Begriff *resilience* bezeichnet eigentlich die Eigenschaft von Werkstoffen, nach starken Verformungen die ursprüngliche Gestalt wieder anzunehmen. Deutlicher wird Resilienz in der Erziehungswissenschaft mit Blick auf den lateinischen Ursprung (resilire = zurückspringen, abprallen). Er bezeichnet die Fähigkeit, Krisen durch Rückgriff auf persönliche und sozial vermittelte Ressourcen zu meistern. Diese Fähigkeit gewinnt zunehmend an Bedeutung und sollte zukünftig einen hohen Stellenwert in der Entwicklungsbegleitung von Kindern einnehmen.

Betont wird zunehmend auch gesellschaftspolitisch die Ernsthaftigkeit in der Bildungsarbeit von KiTas. Es geht darum, Kinder individuell entsprechend ihrem Entwicklungsstand ganzheitlich zu fordern und zu fördern, durch persönliche und gesellschaftliche Bildung. Ziel ist es, sie zu begleiten, bei ihrer Entwicklung zu einer Persönlichkeit, die
- autonom (selbstständig, unabhängig),
- interdependent (d.h. integriert in die jeweilige Gesellschaft / Kultur, von der jeder in gewisser Weise abhängt),
- stabil (resilient) ist.

Das sind alles Voraussetzungen, damit Kinder neugierig, krea(k)tiv, selbstbestimmt, emanzipatorisch Handeln lernen können, vor dem Hintergrund weltoffener Sichtweisen und Einstellungen. Die verpflichtenden Grundwerte unserer demokratischen Gesellschaft sollen Leitmotive für die pädagogische Arbeit in den Tageseinrichtungen sein (Niedersächsischer Orientierungsplan für Bildung und Erziehung (2005, S. 9f.). Dazu gehören:
- Achtung der Menschenwürde
- Toleranz
- Chancengleichheit
- Solidarität
- andere Meinungen zu achten
- die eigene Meinung zu vertreten

- Vorschläge zu machen
- Vereinbarungen zu treffen
- Regeln zu verabreden
- Fremden aufgeschlossen zu begegnen
- Rücksichtnahme
- gegenseitige Hilfe
- gewaltfreie Konfliktaustragung

Durch altersangemessene Beteiligung der Kinder an Entscheidungen können demokratische Verfahrensweisen im Alltag gelebt und zunehmend Selbstständigkeit und Verantwortungsbereitschaft (Autonomie) der Kinder gefördert werden.

3. Die theoretische Basis der Partizipation

3.1 Das humanistische Bild vom Kind

Kinder
Es ist ein Risiko – Sagt die Vernunft
Es ist eine Belastung – Sagt die Erfahrung
Es ist eine große Verantwortung – Sagt die Vorsicht
Es ist nichts als Sorge und Leid – Sagt die Angst
Es gibt kein größeres Glück – Sagt die Liebe
Rudyard Kipling

Jedem pädagogischen Erziehungs- und Bildungskonzept liegt ein ganz bestimmtes Menschen- oder Leitbild zugrunde, das den Kern seiner Philosophie ausmacht.

Das humanistische Modell eines Menschenbildes basiert auf den nachfolgenden Ausführungen für die Be- und Erziehungsqualität, ohne jedoch einen Anspruch auf Vollständigkeit zu erheben. Demnach ist der Mensch ein besonderes Wesen. Vom ersten Atemzug an will er lernen, will in dieser Welt etwas Bedeutsames leisten und seine eigenen Ressourcen verwirklichen. Zunächst hat jeder Mensch *physiologische Mangelbedürfnisse*: z. B. das Bedürfnis nach Sicherheit, Zugehörigkeit und Liebe. Später kommen die *Wachstumsbedürfnisse* sowie das Streben nach *Achtung und Selbstverwirklichung,* die Voraussetzungen für einfühlsames und sozialverantwortliches Handeln sind, hinzu.

Humanistisches Modell eines Menschenbildes
Der Mensch ist ein besonderes Wesen: Ethik des Einfühlens (Bottenberg, 1996)
– Der Mensch geht über den biologischen Organismus hinaus.
– Der Mensch lebt in einem subjektiven Bezugssystem.
– Der Mensch ist erkenntnismäßig (objektiv) wissenschaftlich nicht auszuschöpfen.
– Der Mensch ist pro-aktiv vorwärts gerichtet. Er entwirft Zukunftsperspektiven und wird von seinen Zukunftsentwürfen mitbestimmt.
– Der Mensch ist eine Persönlichkeit in Möglichkeits-Verfassung. Er verwirklicht seine eigenen Potenziale im Lebensvollzug (*Werden*).
– Der Mensch ist das Wesen, dem die *zwingende* Freiheit eignet, sich selbst (in eigenen Motiven, Fantasien, Konzepten, Plänen, Handlungen usf.) zu verwirklichen. Er ist krea(k)tiv sich selbst zu schaffen und lernfähig / -bedürftig.
– Der Mensch hat ein Bedürfnis nach Beziehung (Zugehörigkeit und Liebe).

– Der Mensch braucht Fremdachtung, WERT-Schätzung, um sozial verantwortlich handeln zu können.

3.2 Die (kindlichen) Bedürfnisse

Im demokratischen Ansatz ist davon auszugehen, dass der Mensch ein kre-a(k) tives tätiges Wesen ist, mit dem Bedürfnis nach vollständigen und an seinen Zielen orientierten, sinnvollen und von ihm selbst kontrollierten Handlungsabläufen. Auch die humanistische Psychologie geht von einer ähnlichen Ziel- und Sinnorientierung aus und stützt sich z.B. auf die *Maslow'sche Bedürfnispyramide*, die den Menschen dann bis zur Spitze (Selbstwertschätzung) führen kann:

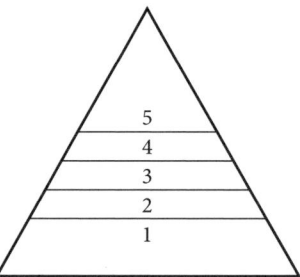

Abb. 2: Die Maslow'sche Bedürfnispyramide (vgl. Bottenberg, E.H. 1996, S. 24)

Bei allen Erziehungsaktivitäten geht es zunächst darum, dass die elementaren *Mangelbedürfnisse* befriedigt sein müssen.
1. *Physiologische Bedürfnisse*: Hiermit meint Maslow, dass die Bedürfnisse nach Luft, Wasser, Nahrung, Schlaf, Sexualität u. Ä. befriedigt sein müssen.
2. *Sicherheitsbedürfnisse*: Es geht hierbei um die Bedürfnisse nach (sinnlicher oder symbolischer) Geborgenheit; Schutz vor Schmerz, Furcht und Angst. Das Ziel ist, Ordnung und Strukturierung zu schaffen.
3. *Bedürfnisse nach Zugehörigkeit und Liebe*: Soziale Bindungsbedürfnisse nach Zuneigung, liebevollem zwischenmenschlichen Kontakt, Zärtlichkeit und Geborgenheit.
Im Anschluss folgen die *Wachstumsbedürfnisse*:
4. *Bedürfnisse nach Achtung:* Hier geht es um das Bedürfnis nach Fremdachtung, um von anderen respektiert und wertgeschätzt zu werden, Anerkennung von Kompetenzen, Zustimmung zu Leistungen bis hin zur eigenen Selbstwertschätzung.
5. *Bedürfnisse nach Selbstverwirklichung* (SV): Dieses Bedürfniss bildet die Spitze

der Pyramide. Der Mensch möchte seine eigenen Möglichkeiten und Fähigkeiten realisieren; es geht ihm um Unabhängigkeit, Prestige, Ästhetik, Verstehen und Einsicht. Das Erreichen des Zenits drückt sich aus in lustvoller, wertvoller Arbeit, Wertideen oder im Finden des Sinns des Lebens.

Die Befriedigung der Bedürfnisse dient als breites Fundament der Erhaltung und dem Überleben. Die elementaren Mangelbedürfnisse müssen befriedigt werden, damit die höheren ihre motivationale Funktion entfalten können und aktiviert werden.

Maslow geht mit seiner hierarchischen Schichtung und Ordnung der Motive (Bedürfnisse) davon aus, dass die Motive voneinander abhängig sind. Die sekundären Wachstumsbedürfnisse basieren auf den primären und werden größtenteils durch Lernprozesse erworben und beziehen sich auf die volle Entfaltung der eigenen Möglichkeiten, auf Wachstum und Selbstverwirklichung. Die Stufung der Motive ist von unten nach oben zu lesen. Die Selbstverwirklichung bildet die höchste Schicht. Diese Spitze der Pyramide wird von vielen Menschen gar nicht oder nur im geringen Ausmaß erreicht.

Vielleicht gelingt Selbstverwirklichung aber doch z.B. durch einen Perspektivwechsel durch folgende Erziehungsratschläge eines Kindes:

Erziehungsratschläge eines Kindes

Verwöhne mich nicht.
Ich weiß sehr wohl, dass ich nicht alles
bekommen kann,
wonach ich frage.
Ich will dich nur auf die Probe stellen.

Weise mich nicht im Beisein anderer
Leute zurecht,
wenn es sich vermeiden lässt. Ich werde
deinen Worten viel
mehr Beachtung schenken, wenn du
mich nicht blamierst.

Sei nicht ängstlich mit mir,
schenke meinen kleinen
Unpässlichkeiten nicht zu viel
Aufmerksamkeit. Sie verschaffen mir
nur manchmal die
Zuwendung, die ich benötige.

Sei nicht fassungslos, wenn ich sage:
»Ich hasse dich.«
Ich hasse nicht dich, sondern deine
Macht, meine Pläne zu durchkreuzen.

Bewahre mich nicht immer vor den
Folgen meines Tuns.

Ich muss auch mal peinliche
Erfahrungen machen.

Mach keine Versprechungen.
Bedenke, dass ich mich schrecklich im
Stich gelassen fühle,
wenn Versprechungen gebrochen
werden.

Unterbrich mich nicht, wenn ich Fragen
stelle.
Wenn du das tust, werde ich mich nicht
mehr an dich wenden,
sondern versuchen, meine Informationen woanders zu bekommen.

Sag nicht, meine Ängste seien albern.
Sie sind erschreckend echt,
aber du kannst mich beruhigen, wenn
du versuchst,
sie zu begreifen.

Versuche nicht immer so zu tun,
als seiest du perfekt und unfehlbar.
Der Schock ist für mich zu groß, wenn
ich herausfinde,
dass du es nicht bist.

Denke nicht, es sei unter deiner Würde,
dich bei mir zu entschuldigen.
Deine ehrliche Entschuldigung
erweckt in mir
ein überraschendes Gefühl der
Zuneigung.

Vergiss nicht, ich liebe Experimente!
Ich kann ohne sie nicht groß werden.
Bitte halt's aus!

Vergiss nicht, wie schnell ich aufwachse.
Es muss für dich sehr schwer gewesen
sein, mit mir Schritt zu halten –
aber bitte versuch es auch weiterhin!

Autor unbekannt

3.3 Das Rollenverständnis der Erzieherinnen

Perspektivwechsel
Bedeutungsvoll für die Mitbeteiligung von Kindern ist das Rollenverständnis
der Erzieherinnen. Beteiligung muss für viele Erzieherinnen ein Umdenken,
einen Perspektivwechsel notwendig machen. Bei einer *echten* Beteiligung von
Kindern muss die Erzieherin bereit sein, Entscheidungskompetenzen und Macht
abzugeben. Die Erzieherin soll Kinder nicht zu etwas bewegen, sondern sie soll
wissen, was das Kind bewegt.
Menschenwürde schützen
Es genügt nicht darauf zu achten, die Menschenwürde niemals zu missachten.
Es ist Aufgabe der Erzieherin, dafür zu sorgen, dass die Menschenwürde jedes
einzelnen Kindes geschützt wird und es diese seinen Mitmenschen gegenüber
verantwortlich gestaltet, z.B. durch Höflichkeit und Rücksichtnahme.
Mitmenschliche, partnerschaftliche Verhältnisse
Die Beziehung zwischen Kind und Erzieherin ist ein grundsätzlich mitmenschli-
ches, partnerschaftliches Verhältnis, in dem *dialogisch und balanciert* miteinander

kommuniziert wird. Mitsprechen und Mitbestimmen verlangen beiden Seiten viel Einfühlungsvermögen ab und erfordern hilfreiche Unterstützung und ein

Abb. 3: »Einfühlung« (Doyé, G. / Lipp-Peetz, C. 1998, S. 37)

Vorbild durch die Erzieherin (Molinski, W. in Oerter / Höfling 2001).
Unterstrichen wird die Bedeutung des Einfühlens durch nachfolgendes Zitat (Bottenberg, E. H. 1996, V):
   den Mitmenschen so wahrnehmen, fühlen, denken,
   den Menschen so leben,
   dass in ihm das wahrnehmen, fühlen, denken,
   das Leben der Erde beginnt.

Pro-aktive Mit-Beteiligung
Kinder brauchen Ansprechpartnerinnen, die mitmachen und sich pro-aktiv beteiligen. Das bedeutet eine hohe Anforderung an kommunikations-, kooperations- und gruppendynamische Kompetenzen.

Entdeckung der Gelassenheit
Kind und Erzieherin brauchen Gelassenheit, Raum und Zeit, Beschlüsse auch
wirksam werden zu lassen. Ausgedrückt mit Antoine de Saint Exupéry kann
Gelassenheit folgendes bedeuten:

> Das, worauf es im Leben ankommt,
> können wir nicht vorausberechnen.
> Die schönste Freude erlebt man immer da,
> wo man sie am wenigsten erwartet hat.
> *Antoine de Saint Exupéry*

Neugierde
Die neue Rolle der Erzieherin ist geprägt von Neugierde darauf, was Kinder aus
thematischen Angeboten entwickeln, welche Veränderungen sie einbringen, zu
welchen Ergebnissen sie kommen. Erwachsene sind nicht mehr die alles Wissenden, sondern auch sie sind auf der Suche nach Antworten.

Vorbild
Die Erzieherin ist sich ihrer Vorbildrolle bewusst und entwickelt in der KiTa
ein Klima, das von WERT-Schätzung (Wertschätzung, Echtheit, Reindenken,
Transparenz) geprägt ist (vgl. *Rogers, C.* 1988).

Erziehung ist Beziehung
Veränderte Lebens- und familiale Bedingungen erfordern Verantwortung für
unsere Jüngsten. Die Toleranz der Erwachsenen hat abgenommen, destabilisie-
rende Faktoren *Zuvilisation* haben zugenommen. Immer mehr Kinder haben die
Manager-Agenda (Schwimmkurs, PEKIP-Gruppe, Taekwondo-Kurs, Meditation)
sowie die neuen Krankheiten (ADHS, Neurodermitis, Burn-out).
  Kinder brauchen stabilisierende Faktoren – *Sozialaggregate (vgl. Abbildung 4,*
das heißt z.B. ein ganzes Dorf, in dem alle Altersgruppen zusammen halten als
Dorfgemeinschaft – statt Abbruch stabiler Beziehungen (Sozialisationsbrüche).
So geht Bildung über die kognitive Wissensvermittlung hinaus bis hin zur Per-
sönlichkeitsbildung.
  Eine kontinuierliche und verlässliche, vertrauensvolle Beziehung ist wichtig,
ebenso wie bekannte Rituale, gewohnte Strukturen und Anforderungen, Zeit
und Gelassenheit, eine gesunde Altersmischung und viel Spaß und Motivation
als Motor zum lebenslangen Lernen (Learning by doing).

Abb. 4: Eickenroder Sozialaggregat (Dobrick, M. 1987)

3.4 Die Beziehungsebene

Partizipation auf der Beziehungsebene bedeutet für die Erzieherin, Kinder als
Experten ihres eigenen Lebens und als mitmenschlichen Bündnispartner ernst
zu nehmen. Die Erzieherin soll den Kindern auf Augenhöhe ehrlich, authentisch,
respektvoll und einfühlsam entgegentreten. Die Kommunikation soll dadurch
gleichwertig und symmetrisch sein. Diese *dialogische Haltung* der Erwachsenen
entspricht einem weiteren zentralen Grundgedanken der humanistischen Psychologie, in dem es um Aufrechterhaltung der Würde und des eigenen Wertes
eines jeden Menschen geht. Jeder soll aufgrund seiner individuellen Fähigkeiten
zum Zusammenleben beitragen. Das Gemeinwohl ermöglicht so jedem eine
Lebensqualität, die jeder Einzelne unabhängig voneinander nicht erreichen
kann (vergleichbar mit Bilderbuchgeschichten wie z.B.: Swimmy oder Frederick
von Leo Lionni). Die Sozialbeziehungen zwischen Kindern und pädagogischen
Fachkräften bilden dabei ein wichtiges Fundament für den gesellschaftlichen
Integrationsprozess.

3.5 Zusammenfassende Gedanken zur Erziehung

Zusammengefasst – mithilfe folgenden Gedichtes – soll dem Leser deutlich werden, dass Erziehung nicht so nebenbei und automatisch über Nacht passiert,
sondern eine Kunst ist, die einiger wichtiger Zutaten bedarf.

ERZIEHUNG:
Irgendwo höre ich die Bemerkung:
»Was für ein gut erzogenes Kind«
und ich frage mich, was damit gemeint ist.
Ich fürchte, in diesem Fall,
das bequeme, pflegeleichte, gut gedrillte Kind,
das aufs erste Wort hört,
das schöne Händchen reicht,
brav einen Knicks oder Diener macht.
Sollte Erziehung nicht zum Leben erziehen?
Rückgratlose Ja-Sager und Duckmäuser
haben wir doch bereits genug.
Für mich kann Erziehung nur bedeuten:
Ein Kind annehmen,
ihm Liebe und Vertrauen entgegenbringen,
seinen Verstand wecken und schärfen,
allen Sinnen Nahrung geben,
frühzeitig Entscheidungen fällen und
so viel Eigeninitiative wie möglich ergreifen lassen,
Fantasie und Kreativität fördern,
und so wenig wie möglich unterdrücken.
Hilfe anbieten, aber nicht aufdrängen.
Sie sind kleine Menschen,
aus denen glückliche, gefühlvolle, intelligente,
entscheidungsfreudige, verantwortungsbewusste,
erwachsene Menschen werden sollen.
Wie soll das geschehen?
Automatisch? Über Nacht?

Autor unbekannt

4. Partizipation in der KiTa

4.1 Begünstigungen durch Einrichtungsstrukturen?

Trotz oder gerade wegen schwieriger werdender finanzieller Fördermöglichkeiten, die auch KiTas betreffen und betroffen machen, bleibt die Beteiligung am Zusammenspiel der demokratischen Gesellschaft und die Vorbereitung auf künftige Lebens- und Lernaufgaben vorrangiges (nicht nur politisches) Ziel (vgl. Bildungsvereinbarung NRW 2004, S. 6).

Die moderne Gesellschaft profitiert von der Partizipation, denn Kinder
- sind unbekümmerter als Erwachsene,
- haben nicht gleich die Schere im Kopf,
- bieten ein hohes Potenzial an Kreativität,
- sind durchaus in der Lage, Verantwortung zu übernehmen,
- sind häufiger mit preiswerteren Alternativen zufrieden als Erwachsene und
- Kinder und Jugendliche fühlen sich mitverantwortlich, wenn sie beteiligt werden, sodass Vandalismus zurückgeht und ein höherer Nutzereffekt entsteht.

Es wäre töricht, Beteiligung als Last und Wagnis zu sehen und die Entwicklungschancen für unsere Demokratie nicht zu nutzen. Der Erfolg hängt von der demokratischen Grundhaltung der Verantwortlichen und Betroffenen ab und von der angewandten Methode, die dem individuellen Entwicklungsstand angepasst werden muss.

4.2 Konzeptionelle Verankerungen

Wenn wir die pädagogischen Konzepte der unterschiedlichen Einrichtungen vergleichen, stellen wir fest, dass alle aktuellen pädagogischen Ansätze Partizipationsaspekte enthalten und trotz aller Unterschiedlichkeit in grundlegenden Dingen übereinstimmen. Alle Ansätze berücksichtigen die Grundannahmen für eine partizipatorische Arbeit zumindest konzeptionell, d.h. sie sind alle so geordnet, dass sie keine menschenunwürdige Zielsetzung verfolgen. Partizipation braucht jedoch einen Rahmen, der alle Beteiligten respektiert und als mitmenschliche Partner konkret in die zusammenlebende Gemeinschaft möglichst gleichberechtigt integriert.

4.3 Alltagspartizipation

Bei genauerem Hinsehen ist oft schon an unbedeutenden Nebensächlichkeiten zu erkennen, ob Einrichtungsstrukturen partizipationsfreundlich sind oder nicht (z.B. die Kannen für Kakao sind zu groß, zu voll und zu schwer, sodass Erwachsene meinen, Kinder beim Einschenken der Getränke nicht beteiligen zu können). Kindern müssen alltäglich Gelegenheit, Raum und Zeit gelassen werden, damit

Abb. 5: Am Teewagen in der Krippe. Kompetenz: Selbstständiges Einschenken (Haller, K. 2010)

ein verantwortliches Miteinander selbstverständlich wirksam werden und sich entfalten kann. Partizipation benötigt echte, erfahrbare und nicht nur behauptete Wirkungen.

4.4 Grundhaltung und Menschenbild

Außer den Strukturen erscheinen die Grundhaltung und das Menschenbild der Erzieherin, die Überzeugung, Macht teilen zu wollen, mitmenschliche Partnerschaft, kritische Selbstreflexion und das Engagement, relevant für eine gelingende Partizipation.

Abb. 6: Grundhaltung und Menschenbild einer Erzieherin: »Den brauch ich mal eben«
(Doyé, G., Lipp-Peetz, C. 1998, S. 29)

4.5 Erziehungsstile

Das Kind soll Stärkung über die Qualität der Beziehung zur Erzieherin erfahren:
- ganzheitlich umfassend, als Individuum in der Gruppe (partialholistisch)
- langfristig
- intensiv
- direkt und
- systematisch

Die Angebote und Projekte sind alters- und entwicklungsgerecht abgestimmt auf die individuellen Fertigkeiten jedes einzelnen Kindes.

Es macht einen Unterschied, ob man Drei- oder Sechsjährigen etwas beibringt. Eine systematische Unterweisung hielt man, quer durch alle Kulturen und historischen Zeitalter, immer nur bei älteren Kindern für angebracht. Gopnik u.a. (2007, S. 72) erläutern, dass die neue Entwicklungsforschung gezeigt hat, dass sich die Art wie Kinder andere Menschen verstehen, stetig und offenbar auf logische Weise verändert. Weniger ist darüber bekannt, wodurch diese Veränderung zustande kommt und wie Kinder in so kurzer Zeit so viel (ver-)lernen können. Dabei spielen offenbar die drei folgenden Faktoren eine Rolle. Kinder nutzen ein angeborenes Fundament, eine große Lernfähigkeit sowie die Lehren, die ihnen andere Menschen unausgesprochen vermitteln.

Die Erzieherin arbeitet deshalb
– einfühlsam
– krea(k)tiv
– handlungsorientiert
– ergebnisorientiert

Sie unterstützt Eltern bei der Bewältigung von aktuellen, schwierigen Lebens-
umständen und Entwicklungsphasen ihres Kindes und dem Bewusstsein eine
vorbildhafte Rolle zu haben. Hilfreich, unterstützend und zum Nachdenken
anregend ist nachfolgendes Lied, welches eine Leitlinie für einen kindzentrierten,
an den Bedürfnissen und Stärken selbst kleiner Kinder orientierten Erziehungsstil
darstellt:

> Sind so kleine Hände, winzge' Finger dran.
> Darf man nie draufschlagen, sie zerbrechen dann.
> Sind so kleine Füße mit so kleinen Zehn.
> Darf man nie drauftreten,
> könn' sie sonst nicht gehn'.
> Sind so kleine Ohren, scharf und ihr erlaubt:
> Darf man nie zerbrüllen, werden davon taub.
> Sind so schöne Münder, sprechen alles aus.
> Darf man nie verbieten, kommt sonst nichts mehr raus'.
> Sind so klare Augen, die noch alles sehn'.
> Darf man nie verbinden, könn' sie nichts verstehn'.
> Sind so kleine Seelen, offen und ganz frei.
> Darf man niemals quälen, gehn kaputt dabei.
> Ist son' kleines Rückgrat, sieht man fast noch nicht.
> Darf man niemals beugen, weil es sonst zerbricht.
> Grade klare Menschen wärn' ein schönes Ziel.
> Leute ohne Rückgrat habn' wir schon zu viel.
>
> *Bettina Wegner*

4.6 Pädagogische Ziele

Praktisches Demokratielernen und -lehren ist …
– selbstverständlich
– selbstständig
– selbstbewusst
– präventiv
– Nutzungs- und Kompetenz steigernd
– kritikfähig (Feedback geben und nehmen)

- bewusstseinsschärfend (bei Gefahren)
- krea(k)tiv
- kommunikations- und kooperationsfähig (statt störender Rivalitäten)
- Interessen fördernd
- Verantwortungsbewusstsein stärkend (sozial aufmerksam werden)
- Frustrationstoleranz schulend
- Fehlerfreundlich *ferhaltend*

Dies bildet die Grundlage für ganzheitliches, entdeckendes, lustvolles und lebenslanges Lernen.

Zusammengefasst fördert jede Art von Beteiligung (Mitreden / Mitplanen / Mitentscheiden / Mitgestalten) die Sprache, Selbstständigkeit, Selbstbewusstheit, soziale Aufmerksamkeit, Mitverantwortung und die Frustrationstoleranz.

Partizipation bietet Kindern sowie pädagogischen Fachkräften einen neuen Erfahrungsraum und wirkt sich zunächst positiv auf die ganze Arbeit in der Tageseinrichtung sowie darüber hinaus aber auch im weiteren Lebensverlauf der Kinder aus. Nebeneffekt ist fehlerfreundliches Ferhalten. Die Fehlerfreundlichkeit als Erziehungsziel scheint leider bis heute vielen Eltern und Pädagogen noch nicht bewusst, obwohl bereits Korczak die trügerische Sehnsucht nach perfekten Kindern anprangerte.

4.7 Elemente der Gruppenarbeit

Die Erzieherin kennt und wendet Möglichkeiten an, positive Sozialbeziehungen zu Gleichaltrigen (Peers) aufzubauen und systematische Elemente der Gruppenarbeit zu implementieren. Hierbei geht es um Synergien wie in einem Biotop. Konsens und die Balance zwischen allen Beteiligten ist Not-wendig. Das bedeutet situatives, ganzheitliches und lebendiges miteinander Lernen. Praktikabel wird dies mit Blick auf die Elemente der systemischen Gruppenarbeit der Themenzentrierten Interaktion (TZI).

Die TZI organisiert sich nach den vier Aspekten: *Ich, Wir, Es, Globe* und deren wechselseitiger Beziehung. Die vier Punkte sind miteinander verbunden und sollten gleichgewichtig behandelt werden (Cohn, R. 1994, S. 353).

Es → Bedeutet hier das Thema, welches in den meisten Fällen verbal benannt wird.

Ich → Damit sind die einzelnen Teilnehmer mit ihren momentan relevanten Bedürfnissen, Interessen, Problemen gemeint. Auch die Erzieherin ist gleichberechtigte Teilnehmerin, allerdings mit der zusätzlichen Funktion, das Gleichgewicht zwischen den Elementen aufrechtzuerhalten.

Wir → Hier ist wichtig, dass die einzelnen Teilnehmer sich aufeinander beziehen, wertschätzend und partnerschaftlich miteinander umgehen.

Globe → Beschreibt das Umfeld, in das die Gruppe interaktional eingebettet ist. Beachtet werden müssen hierbei die jeweiligen historischen, kulturellen, gesellschaftlichen, ökologischen Strukturen.

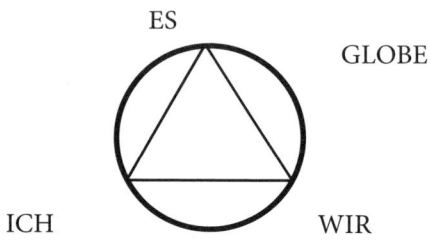

Abb. 7: Elemente der TZI (Bottenberg, E. H. 1996, S. 167)

4.8 Leitsätze für die pädagogische Arbeit

4.8.1 WERT-Schätzung
Sinnbildlich ist die folgende ausbaufähige *Wert-Haltungs-Treppe* (vgl. Abbildung 8) als Basis für Beratungskompetenz, Be- und Erziehungsqualität, um Kinder zu achten und in ihrem *Wert zu schätzen*. Sie ist durchaus übertragbar auf die Arbeit mit Erwachsenen und dem KiTa-Team:

4.8.2 Das Kind ganzheitlich sehen
Das Kind ganzheitlich zu sehen und entsprechend zu handeln, bezeichnet man wissenschaftlich als Holismus (griechisch: *to holon* = das Ganze). Dabei wird das Kind im Hinblick auf seine Teile gesehen, aus denen es besteht und mit denen es zusammenhängt. Mit Partial-Holismus (lateinisch: *pars* = der Teil) ist hier – angelehnt an die Sichtweise Huppertz, N. (2003, S. 72) und seiner lebensbezogenen Pädagogik – gemeint, Kinder immer als Ganzes zu sehen und ernst zu nehmen.

Zusätzlich muss beachtet werden, womit das Kind vernetzt ist und wie wir es evtl. zusätzlich vernetzen müssen, um es zu stärken, was oftmals auch Handlungen und Haltungen verändert.

Das Kind wird niemals einseitig z.B. als rein kognitiv lernendes Wesen betrachtet, das verbal belehrt werden muss. Aus kinesiologischer und anthropologischer Sichtweise ist bekannt, dass der Wissenserwerb, wenn er ganzheitlich organisiert werden soll, beide Gehirnhälften und möglichst alle Sinne des Kindes ansprechen muss.

Transparent sein:
Die eigene Rolle
und Macht, Ziele
und Forderungen
deklarieren.

Reindenken in die andere Person:
Ihr einfühlend und empathisch zuhören.
Die Situation aus ihren Augen betrachten
und bei der Abwägung des eigenen Handelns
berücksichtigen.

Echt sein:
In Übereinstimmung mit meiner inneren Realität, meinen Gefühlen,
Bedürfnissen und Anliegen handeln.

WERT-Schätzend begegnen:
insbesondere auch, indem ich Andersartigkeit und Haltungen akzeptiere, denen ich nicht
zustimme.

Abb. 8: Wert-Haltungs-Treppe (vgl. Lahninger, P. 1988, S. 22)

Die Anthropologische Reflexion (griechisch: *anthropos = Mensch)* bezieht sich auf die besondere Grundstruktur des Menschseins. Im Gegensatz zum Verhalten des Tieres wird der Mensch als Mängelwesen (Herder, Gehlen 1986) bezeichnet, d.h. er muss sich selbst schaffen, wodurch seine eigene Kreativität (lateinisch: *creare* = gebären, erzeugen, erschaffen) notwendig ist. »Er erschafft in seiner Kreativität die ihm eigene kulturelle Welt und wird von dieser kulturellen Welt wieder rückgeprägt« (Bottenberg, E.H. 1996, S. 15f.).

Die *Kreationen* werden bewahrt, d. h. überdauern all das, was frühere Generationen an Entdeckungen und Wertsetzungen, an Sitten und Techniken, an Gepflogenheiten und Einrichtungen (Kulturalität) hervorbrachten. Sie können *als Instinkt* oder *assoziatives Gedächtnis* weitergegeben werden. Die Grundlage ist der sogenannte *Pawlow'sche Reflex* (Scheler 1983, S. 26f.). Demzufolge kann davon ausgegangen werden, dass der Instinkt in seinen Grundzügen angeboren und erblich ist und zwar als spezifiziertes Verhaltungsvermögen selbst. Das bedeutet allerdings nicht, dass jedes instinktive Verhalten beim Menschen sofort nach der Geburt verfügbar ist und Kinder alle zur Mitbeteiligung notwendigen Fähigkeiten schon besitzen, zu denen nicht einmal alle Erwachsenen imstande sind.

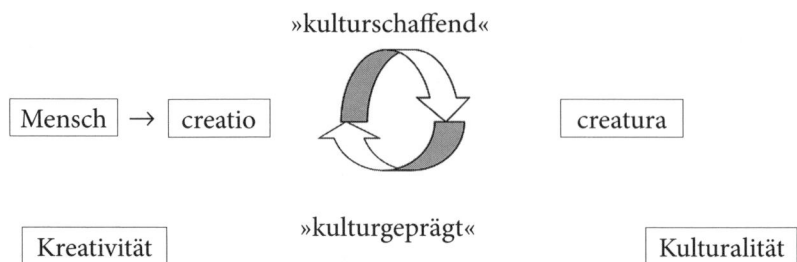

Abb. 9: Autopoetisches System Mensch (vgl. Bottenberg, E. H. 1996, S. 16)

Die Stärke der Beiträge von Kindern liegt in der freigesetzten Fantasie, ihren Ideen, den entwickelten Visionen und nicht in planungsfertigen Ausführungen. In Bezug auf die Kinder bedeutet das zusammengefasst, ihren Wert zu schätzen und ihnen Raum und Zeit zu geben, ihre Kreativität und ihre innovativen Gedanken entfalten zu können.

> Erkläre es mir und ich werde es vergessen
> Zeige es mir und ich werde mich erinnern
> Lass es mich selber tun und ich werde es verstehen
> *Konfuzius*

Zum Verständnis von Partizipation gehören demzufolge nicht nur das Erklären und Zeigen, sondern auch das selbstständige Tun / Handeln. Das bedeutet, die Entscheidungsfähigkeit der Kinder zu fördern, ihnen Möglichkeiten zu geben zu wählen (entsprechend ihrem Verhaltensvermögen), aber auch etwas abzulehnen, »Nein« (z.B.: kein Küsschen auf Kommando) zu sagen – ist eine wichtige Grundvoraussetzung für Partizipation.

Auch hier scheint es ganz erhebliche und viel zu wenig genutzte Ressourcen für die systematische Einübung von Beteiligung in konkreten Lebenssituationen der Kinder zu geben.

Bei aller Förderung und Stärkung der Individualität des einzelnen Kindes ist es eine Kunst, gleichzeitig nicht zu vernachlässigen, dass Kinder Teil einer Gruppe sind und Unterstützungssysteme benötigen. Beim partial-holistischen Ansatz ist es deshalb wichtig, das tragfähige Netzwerk immer mit zu betrachten (Eltern, Familie, Erzieherin, Lehrerin, Nachbarin …), an dem zusätzlich ständig gearbeitet und weiter (an-)geknüpft werden muss, um die Stabilität zu erhalten und auszubauen.

4.8.3 Dem Entwicklungsstand des Kindes entsprechen
Bedenkenträger der Partizipation werfen die Frage auf, was Kindern zugemutet

werden kann und ab welchem Alter sie aus entwicklungspsychologischer Sicht geistig, seelisch und körperlich in der Lage sind, an politischen, planerischen und gestalterischen Themen und Projekten teilzuhaben und wichtige, die Zukunft betreffende Entscheidungen mitzubestimmen. Kinder werden systematisch unterschätzt oder aber in ihren Bedürfnissen nicht ernst genommen.

Die neuesten Erkenntnisse der Entwicklungspsychologie verdeutlichen, dass Kinder sich bereits im frühen Kindesalter auf verschiedenen Wegen mit der Komplexität von Welt befassen (vgl. Laewen, H. J. / Anders, B. 2002). Die Vorstellung, dass Babys von Geburt an viel wissen, wird fast uneingeschränkt akzeptiert. Gopnik, Meltzoff und Kuhl, (2007, S. 243f.) beschäftigten sich aufmerksam, genau und achtsam mit der geistigen Entwicklung von Babys und Kleinkindern. Sie haben herausgefunden, »... dass sie interessanter, strukturierter, komplexer, seltsamer und wunderbarer sind, als wir es uns je hätten träumen lassen.« Sie entdeckten eine lange Kette der Erkenntnis, »die bei simplen, dummen Babys anfängt, sich durch die Kindheit bis zum gewöhnlichen Erwachsenen fortsetzt und schließlich bei den Genies in Kunst und Wissenschaft zur Vollendung gelangt.«

Wie und wie viel Babys lernen ist dagegen stark umstritten (vgl. Gopnik, A. / Meltzoff. A. / Kuhl, P. 2007). Einigkeit herrscht jedoch darüber, dass Babys zum Lernen nicht motiviert werden müssen, denn sie erforschen die Welt vom ersten Tag an. Sie bewältigen mit allen Sinnen eine gewaltige Flut an Reizen. Wie Wissenschaftler stellen sie Hypothesen auf, bestätigen oder verwerfen sie, sogar nach der Geburt beim Entdecken und Saugen an der Brust ihrer Mutter. Dieses Phänomen ist auch nach einigen Monaten noch wieder zu entdecken z.B. beim Laufen lernen, ständigem Fallen und nahezu unermüdlichem wieder Aufstehen.

Wieder im Vergleich mit Wissenschaftlern bedeutet es, dass Kinder zunächst scheinbar einige Vermutungen darüber haben, wie sie selbst die Welt beeinflussen können. Aber dann müssen sie allmählich die vielen komplexen Möglichkeiten kennenlernen, wie die Dinge in der Welt einander beeinflussen können. Früh üben sie dadurch schon die Möglichkeit der Reflexion und des korrektiven Feedbacks.

Babys sammeln Erinnerungen, bauen systematisch ihr Gedächtnis auf und verknüpfen sie zu einem System. Dabei übertreffen sie sogar Computer. Wenn wir uns Kinder als besondere biologische Computer vorstellen, können wir Babys und Kleinkinder auf neue Weise verstehen und WERT-Schätzend mit ihren fein ausgebildeten intellektuellen und intuitiven Fähigkeiten, ihren leistungsfähigen Programmen zur Interpretation der Welt, umgehen.

Kinder lernen schneller und effektiver als Erwachsene. Babys wirken bei den koketten Dialogen mit den Menschen, die sie lieben, sehr aufmerksam, engagiert und auch glücklich. Das könnte ein Grund sein, warum sie so schnell lernen (Gopnik, A. u.a. 2007). Demzufolge haben wir »das meiste, was wir wissen müssen, auch schon lange vor dem Kindergartenalter gelernt. Als Erwachsene können wir in unserer jeweiligen Welt überleben, weil wir als Kinder herausgefunden haben, wie es geht« (Gopnik, A. u.a. 2007, S. 189).

Aus dem Entwicklungsphasenmodell von Erikson wird erkennbar, dass sich Kinder bereits mit dem zweiten bis dritten Lebensjahr aktiv gestaltend der Umwelt zuwenden können. Beteiligung von Kindern ist folglich schon in der KiTa möglich. Vorausgesetzt, dass sie sicher gebunden sind und die nötigen Informationen dazu haben. Lediglich ihre Ausdrucks- und Handlungsmöglichkeiten unterscheiden sich von denen Erwachsener.

Erikson verdeutlicht, dass Kinder bereits mit dem vierten und fünften Lebensjahr selbstständige und unabhängig von Erwachsenen (spielerisch) eigene Entscheidungen treffen können. Deutlich wird diese Kompetenz auch mit Blick auf die häufig beschriebene Trotzphase. Schröder bezeichnet dies als ein Zeichen für den starken Entscheidungswillen des Kindes. Pädagogisch engagierte Eltern, Erzieherinnen und Lehrerinnen sollten die frühen Jahre, Ressourcen und Kompetenzen der Kinder nutzen, um weitgehende Prozesse der Mitbestimmung und Beteiligung im (vor-)schulischen und häuslichen Alltag zu ermöglichen und dadurch ein demokratisches Grundverständnis zu implementieren. An dieser Stelle wird vermutet (MAFGS 2000), dass es zu einer gewissen Vernachlässigung des Potenzials von Kindern kommt. Die Erwachsenen sind froh, dass alles gut und unauffällig läuft. Zusätzliche Freiheitsgrade und Entscheidungsspielräume von Kindern werden eher nicht riskiert.

Piaget entdeckte, dass Kinder in der *präoperationalen Stufe* (zweite bis siebte Lebensjahr) die Fähigkeit entwickeln, sich einen Raum außerhalb ihrer eigenen Aktionen vorzustellen. Das Denken von Kindern ist in abnehmendem Maß egozentrisch. Um Vorschulkindern eine reale Chance zur Partizipation zu geben und sie nicht zu überfordern, dürfen Beteiligungsformen nicht allein auf verbalen oder zeichnerischen Methoden basieren.

Der Einsatz von mehrdimensionalen Modellen bei ihrer Entwicklung zu einer Persönlichkeit, versetzt z.B. selbst drei- bis siebenjährige Kinder in die Lage, sich krea(k)tiv mit ihrer Umwelt auseinanderzusetzen und über Veränderungsmöglichkeiten nachzudenken.

Einen Spielplatz können selbst Kindergartenkinder entwerfen, indem sie z.B. ein Modell in einem maßstabsgerechten Karton mit kostenlosem Material bauen. Eine kompetente Präsentation vor interessierten Erwachsenen gelingt auch mit einem grünen Stofftuch und Duplosteinen (vgl. Abbildung 10).

Die Unterforderung von Kindern beweisen Untersuchungen von Blaut et al (1970). Danach sind Kinder im Alter von drei Jahren bereits in der Lage, auf Luftbildaufnahmen Wiedererkennungs- und kartografische Aufgaben zu lösen, auch wenn sie vorher niemals solche Aufnahmen gesehen haben. Für Stadtplaner,

Abb. 10: Präsentation durch Kinder vor Erwachsenen (Dobrick, M. 2004)

Gartenbauämter und Architekten erscheinen diese Erkenntnisse interessant, um einen Anhaltspunkt zu haben, ab welchem Alter Kinder maßstäblich Karten und Symbole verstehen können. Eine realistische Darstellung der Umwelt in zwei- oder dreidimensionalen Modellen mit vielen Details sind nicht nur für Kinder leichter begreifbar als abstrakte Pläne.

Es sei darauf hingewiesen, dass bei Kindern einer Altersstufe beträchtliche Niveauunterschiede bestehen können. Nicht nur bei Beteiligungsprojekten sind das Alter, der individuelle Entwicklungsstand, sondern auch die individuellen Begabungen, Kompetenzen, Beeinträchtigungen, der kulturelle Hintergrund, die aktuelle Lebenssituation das Geschlecht etc. des jeweiligen Kindes zu berücksichtigen.

Im Friedensreich ist gar nichts gleich
alle sind verschieden darum reich
und voller Frieden
Hundertwasser

4.9 Die Rechte der Kinder beachten

Eine Veränderung der Stellung des Kindes lässt sich in nationalen und internationalen Rechtsordnungen beobachten. Bis Ende des Mittelalters wurden Kinder weder als eigenständige Gruppe noch als eigenständiges Rechtssubjekt wahrgenommen. Kinder wurden als Eigentum des Vaters angesehen und im Rahmen des Eigentumsrechtes behandelt.

Ein Kind ist heute nicht mehr nur ein Objekt von Fürsorge, sondern bereits vor der Geburt ein Subjekt mit eigenen Bedürfnissen und Rechten, die ernst genommen werden müssen. Grundlagen dazu sind u.a. die neuen Entwicklungsforschungen, die zeigen dass Babys und Kleinkinder voll entwickelte Menschen eigenen Rechts sind. Sie sind nicht nur wertvoll, weil sie einmal Erwachsene werden, sondern weil sie schon vor der Geburt denkende und fühlende Individuen sind.

4.9.1 Janusz Korczak

Schon in den 20er Jahren plädierte der berühmte polnische Arzt, Schriftsteller und Pädagoge Janusz Korczak vehement für die Rechte der Kinder. Er formulierte seine Pädagogik als eine Pädagogik von Rechten und orientierte die praktische Arbeit in seinem Waisenhaus daran. Bei näherer Betrachtung erscheinen einige seiner Kinderrechte heute ganz selbstverständlich, wieder andere erscheinen unverständlich: Dementsprechend hat das Kind z.B. das Recht auf:
- Liebe
- Achtung
- Geheimnisse
- eine Lüge
- optimale Bedingungen für sein Wachstum und seine Entwicklung
- Täuschung
- Diebstahl
- Respektierung seiner Besitztümer und seines Budgets
- Fehler

Des Weiteren haben Kinder das Recht:
- zu wünschen
- zu verlangen
- zu bitten
- ernst genommen zu werden

Lifton (1988, S. 463ff.) fasst Korczaks Sichtweise wie folgt zusammen:
Kinder sind nicht erst Leute von morgen, sie sind es heute schon.

Sie haben ein Recht darauf, ernst genommen zu werden. Sie haben ein Recht darauf, von den Erwachsenen mit Freundlichkeit und Respekt behandelt zu werden, als gleichwertige Partner und nicht wie Sklaven.

Man sollte ein Kind zu dem Menschen heranwachsen lassen, der es ist und der in ihm steckt, denn die »unbekannte Person« in einem jeden von ihnen ist die Hoffnung der Zukunft.

Korczaks Kinderrechte sind als Basiskomponenten in einigen (inter-)nationalen Kinderrechten aktuell wieder zu entdecken.

Nachfolgend werden kurz einige (inter-)nationale Kinderrechte zitiert bzw. kommentiert, die für den elementarpädagogischen Bereich relevant sind; andere erscheinen in abschließender Tabelle.

4.9.2 UN-Konvention über die Rechte des Kindes

Die UN-Konvention über die Rechte des Kindes (1979) ist eine für alle Kinder dieser Welt (trotz unterschiedlicher Lebenswelten und Problemlagen) geltende völkerrechtlich verbindliche und umfassende wichtige Grundlage. Die Rechte des Kindes als selbstständige Persönlichkeit werden zum Hauptinhalt erhoben. Es ist z. B. mit den Rechten versehen, sich eine eigene Meinung zu bilden und diese in allen das Kind berührenden Angelegenheiten frei zu äußern und die Freiheit, Informationen und Gedankengut jeder Art in Wort, Schrift oder Druck, durch Kunstwerke oder andere vom Kind gewählte Mittel zu beschaffen, zu empfangen und weiterzugeben.

4.9.3 Agenda 21

Die Agenda 21 bezieht Kinder und Jugendliche ein und beteiligt sie in umwelt- und entwicklungspolitischen Entscheidungsprozessen. Sie hält es für zwingend erforderlich, dass Jugendliche aus allen Teilen der Welt auf allen für sie relevanten Ebenen aktiv an den Entscheidungsprozessen beteiligt werden, weil dies ihr heutiges Leben beeinflusst und Auswirkungen auf ihre Zukunft hat. Zusätzlich zu ihrem intellektuellen Beitrag und ihrer Fähigkeit, unterstützende Kräfte zu mobilisieren, bringen Kinder einzigartige Ansichten ein, die in Betracht gezogen werden müssen. Jedes Land wird weiterhin aufgefordert, den Dialog zwischen der Jugend und der Regierung in Gang zu bringen und zu fördern. Kindern und Jugendlichen soll die Gelegenheit gegeben werden, ihre Ansichten zu Regierungsentscheidungen darzulegen.

4.9.4 Das Bürgerliche Gesetzbuch

Das Bürgerliche Gesetzbuch (BGB) schreibt die Rechtsfähigkeit des Menschen mit der Vollendung der Geburt fest. Eltern werden in §1626 BGB aufgefordert, bei der Pflege und Erziehung, die wachsende Fähigkeit und das wachsende Bedürfnis des Kindes zu selbstständigem und verantwortungsbewusstem Handeln zu berücksichtigen. Dabei ist zu unterscheiden zwischen:
1. einer auf Förderung ausgelegten Orientierung am Kindeswohl, die für alle Angebote der Kinder- und Jugendhilfe maßgeblich ist und die sich insbeson-

dere in unterstützenden Hilfen für die Eltern zeigt (Rechtsanspruch auf Hilfen zur Erziehung) und

2. einer notwendigen kontrollierenden Intervention bei konkretem Verdacht auf eine Kindeswohlgefährdung. In Fällen bei denen die Beobachtung, der Verdacht oder das Risiko einer Gefährdung des Kindeswohls besteht, muss nach entsprechender Prüfung, das Familiengericht angerufen (mitbeteiligt) werden (§8a SGB VIII in Verbindung mit dem §1666 BGB).

Die Auslegung der o.a. Gesetze bedeuten, weder dem Kinderwillen zu folgen noch über den Kopf des Kindes hinweg zu entscheiden. Der Gesetzgeber hat neue Verbote und Pflichten für Eltern formuliert, wie etwa das Verbot von Körperstrafen in der Erziehung (§1631 Abs. 2 BGB): »Kinder haben ein Recht auf gewaltfreie Erziehung. Körperliche Bestrafungen, seelische Verletzungen und andere entwürdigende Maßnahmen sind unzulässig.«

Seit dem Herbst 2005 gilt mit dem Kinder- und Jugendhilfeweiterentwicklungsgesetz (*Kick*) die Erweiterung des Kinder- und Jugendhilfegesetzes (KJHG), die vor allem dem Schutz des Kindeswohls dienen soll. Kinderschutz soll als eine Kooperationsaufgabe aller, an der Erziehung des Kindes Beteiligten, verstanden werden.

4.9.5 Grundgesetz
Im Grundgesetz (1949) für die Bundesrepublik Deutschland sind (in-)direkt weitere Kinderrechte verbrieft. Im Artikel 2 (1) steht beispielsweise: »Jeder hat das Recht auf die freie Entfaltung seiner Persönlichkeit. Jeder hat das Recht auf Leben und körperliche Unversehrtheit. Die Freiheit der Person ist unverletzlich.«

4.9.6 Baugesetzbuch
Im Baugesetzbuch ist festgeschrieben, dass u.a. insbesondere die sozialen und kulturellen Bedürfnisse der jungen Menschen zu berücksichtigen sind und Bürger grundsätzlich möglichst frühzeitig über die allgemeinen Ziele und Zwecke sowie die voraussichtlichen Auswirkungen öffentlich zu unterrichten sind und ihnen Gelegenheit zur Äußerung und Erörterung zu geben ist.

4.9.7 Bundes Immissionsschutzgesetz
Kinder sind nicht immer leicht zu *bändigen*. Ihr Lärm wird von vielen Menschen oftmals als lästig und ruhestörend empfunden. Die Konsequenz: Zahlreiche Klagen von Anwohnern gegen Ruhestörung, die in der Vergangenheit sogar zu Schließungen von KiTas geführt hatten. Das Recht der Kinder in ihrem Kindsein akzeptiert und toleriert zu werden, wurde missachtet. Das Zehnte Gesetz zur Änderung des Bundes-Immissionsschutzgesetzes regelt jetzt, dass »Geräuschein-

wirkungen, die von Kindertageseinrichtungen, Kinderspielplätzen und ähnlichen Einrichtungen wie beispielsweise Ballspielplätzen durch Kinder hervorgerufen werden, im Regelfall keine schädlichen Umwelteinwirkungen« sind. Folglich können Anwohner welche in KiTa-Nähe wohnen, nicht mehr gegen den als lästig empfundenen Kinderlärm klagen.

Allerdings wird älteren Kindern eine Einsichtsfähigkeit unterstellt. Die Gesetzesänderung hilft den KiTas, nicht jedoch den älteren Kindern und Jugendlichen. Hier muss nachgebessert werden. Dennoch: Das Immissionsschutzgesetz ist ein Erfolg auf dem Weg zu Kinderfreundlichkeit und der Implementierung von Kinderrechten in Deutschland, obwohl Kinder an dieser Entscheidung nicht direkt beteiligt waren.

Mitbeteiligungsrechte von Kindern im KiTa-Bereich treten in nachfolgenden Gesetzen und rechtlichen Regelungen in Erscheinung.

4.9.8 Kinder- und Jugendhilfegesetz

Mit Inkrafttreten des Kinder- und Jugendhilfegesetzes, Sozialgesetzbuch VIII (KJHG) fand der Begriff *Kinderfreundlichkeit* 1990 / 1991 zum ersten Mal Eingang in die bundesdeutsche Gesetzgebung. Die Jugendhilfe wird aufgefordert, positive Lebensbedingungen für junge Menschen und ihre Familien sowie eine kinder- und familienfreundliche Umwelt zu erhalten oder zu schaffen. Wesentlich für den KiTa-Bereich sind die Herstellung von Chancengleichheit und der eigenständige Bildungs-, Erziehungs- und Betreuungsauftrag. Das KJHG sichert allen Kindern ein Recht auf Betreuung, Bildung und Erziehung zu einer eigenverantwortlichen und gemeinschaftsfähigen Persönlichkeit in Tageseinrichtungen zu. Dieser pädagogische Auftrag entspricht und unterstützt beteiligungsorientierte Konzeptionen und pädagogische Ansätze. Vielfältige Erfahrungsräume sollen dem einzelnen Kind ermöglichen, selbstständiges verantwortungsbewusstes Handeln zu entwickeln, ihren Bedürfnissen und denen ihrer Familien angepasst, zumindest aber mit ihnen abgestimmt, nachzukommen.

Ein grundsätzliches Beteiligungsrecht für Kinder sichert §8 Abs. 1 KJHG: »Kinder und Jugendliche sind entsprechend ihrem Entwicklungsstand an allen sie betreffenden Entscheidungen der öffentlichen Jugendhilfe zu beteiligen.«

4.9.9 KiTa-Gesetze der Bundesländer

Jedes Bundesland hat ein eigenständiges KiTa-Gesetz, in dem die Beteiligung von Kindern in unterschiedlichen Wortlauten erwähnt wird. Beispielhaft nachfolgend das Niedersächsische Gesetz über Tageseinrichtungen für Kinder (KiTaG) in der Fassung der Bekanntmachung vom 25. September 1995; (Nds. GVBL S. 303). Demokratie und Kinderrechte werden zwar nicht explizit erwähnt, sind jedoch dennoch enthalten. Im §3 (3) heißt es: »Die Tageseinrichtung gibt den Kindern in einer ihrem Alter angemessenen Weise Gelegenheit zur Mitwirkung bei der Gestaltung der Arbeit in ihrer Tageseinrichtung.« Im Kommentar erläutert de Wall (1993, S. 27f.), dass auch junge Menschen im Kindesalter den Tageseinrichtungen nicht ausgeliefert sind. »Sie sind eigenständige Persönlichkeiten mit eigenen Rechten und Pflichten.« Es wird bestimmt, dass die Kita den Kindern (altersgerecht) Gelegenheit zur Mitwirkung bei der Gestaltung, der Arbeit in ihrer Einrichtung zu geben hat. De Wall kommentiert, dass dieser Grundsatz für Krippen kaum, für Kindergartenkinder nicht so intensiv wie für Hortkinder umgesetzt werden kann. Aus seiner Sicht ist erst im Hort eine nennenswerte Mitwirkung möglich.

Er räumt jedoch ein, dass jede Art von Mitwirkung generell die Selbstständigkeit, soziale Aufmerksamkeit und Mitverantwortung fördert. Sie bietet Kindern und Fachkräften einen neuen Erfahrungsraum und kann sich positiv für die ganze Arbeit in der Tageseinrichtung auswirken.

Zusammengefasst ist Kindheit rechtlich gesehen inzwischen nicht mehr nur ein Durchgangsstadium zum Erwachsensein, geprägt von Unreife und Abhängigkeit von Erwachsenen. Kindheit ist heute als eigenständige Lebensphase und eigenständige soziale Gruppe anzusehen. Kindern sollten folglich selbstverständlich demokratische Rechte eingeräumt werden, von Erwachsenen respektiert (Fthenakis, W. E. 1998, S. 20) und gesellschaftlich anerkannt.

Tab. 2: Kinderrechte (Dobrick, M. 2011)

	Internationale Rechte
12. Juli 1902	Erstes Haager Übereinkommen zur Regelung der Vormundschaft für Minderjährige
4. Mai 1910	Übereinkommen zur Bekämpfung des Mädchenhandels
1912	Janusz Korczaks Forderung nach dem Recht des Kindes auf Achtung
1924	Genfer Erklärung des Völkerbundes Declaration of the rights of the child (Kind: Objekt, das es zu schützen gilt)
20. November 1989 1992	Artikel 12 der UN-Kinderrechtskonvention (Initiative der polnischen Regierung) UN Kinderrechtskonvention in der BRD erst 1992 in Kraft getreten
2010	Agenda 2010, Kapitel 25(2)

	Bundesrechte
18. August 1896 seit 01. Januar 1900 in Kraft	BGB §1, §1626, §1631, §8a SGB VIII in Verbindung mit §1666
23. Mai 1949	Grundgesetz der BRD Artikel 2 GG / Artikel 17 GG
1990 / 1991	Sozialgesetzbuch VIII Kinder- und Jugendhilfegesetz (KJHG) §1(3); §8(1); §80
2005	§8a SGB VIII / KJHG in Verbindung mit §1666 BGB; Schutzauftrag bei Kindeswohlgefährdung Erweiterung Kinder- und Jugendhilfeweiterentwicklungsgesetz (Kick)
17. Juni 2011	Baugesetzbuch §§1(1), (5) und 3 Immissionsschutzgesetz

	Landesrechte (exemplarisch)
15. Juli 1981	Niedersächsisches Jugendförderungsgesetz, §§1 und 3
06. Dezember 1995	Änderung / Ergänzung der Gemeindeordnungen (GO), Schleswig Holstein §§16a–16f
1995	Niedersächsisches Gesetz für KiTa (KiTaG), seit 01. Januar 2002 wieder in Kraft
22. August 1996	Niedersächsische Landkreisordnung, §§17a und 29
März 1998	Niedersächsisches Schulgesetz, §§36–40, 72–87
14. März 2001	Niedersächsische Gemeindeordnung, §§22a und 34

4.10 Regeln und Grenzen

Erwachsene sind grundsätzlich bereit (und auch gesetzlich verpflichtet), Kinder zu beteiligen. Die Umsetzung ist aber nicht so einfach. Partizipation ist mehr als nur ein schwieriges Wort, sie ist kein Kinderspiel, kein Schuh nur für Kinder. Sie bereitet manchmal Kopfschmerzen, gerät leicht ins Wanken oder stößt an Grenzen, gerade wenn es um das Einhalten von Regeln geht. Voraussetzung für ein funktionierendes Regelwerk ist zunächst die Bereitschaft zu einem partnerschaftlichen miteinander Umgehen von Erzieherinnen und Kindern. Sie erlaubt allen Beteiligten z. B. das Aushandeln der Gruppenregeln mitzubestimmen, Regeln zu hinterfragen und ggf. zu verändern. Aufgabe der Erzieherinnen ist es dabei, den gemeinsamen Prozess des Aushandelns und Entscheidens größtenteils didaktisch / methodisch zu gestalten und den Kindern zu erklären, welche Entscheidungsspielräume sie haben, worüber sie genau mitentscheiden dürfen und worüber nicht.

Zusätzlich hat jedes Kind auch das Recht, sich gegen eine Beteiligung, gegen das Einhalten von Regeln zu entscheiden. Es darf kein Zwang ausgeübt werden (Minderheitenschutz). Echte Partizipation kann nur auf Freiwilligkeit beruhen. Das heißt, es kann kein Kind gezwungen werden z.B. im Stuhlkreis, die Kluge Ente in die Hand zu nehmen und sich zu äußern. Die Ente kann genauso gut weitergegeben oder ignoriert, d.h. gar nicht erst angenommen werden.

Zur Entfaltung der Selbstständigkeit und Entscheidungsmöglichkeit gehört deshalb selbstverständlich, dass Kinder wählen dürfen, etwas ablehnen, allein entscheiden und auch »Nein« sagen dürfen. Ein »Nein« steht aber auch Erwachsenen zu und muss unbedingt von den Kindern beachtet werden.

Nicht alles muss mit Kindern ausdiskutiert werden (z.B. die Bedeutung der Roten Ampel).

Alle anstehenden Entscheidungen, Regeln sollten stets daraufhin geprüft werden, ob es hilfreicher für die Entwicklung, Forderung und Förderung jedes einzelnen Kindes ist, wenn sie sich einmischen und mitbestimmen dürfen.

Fast alle Regeln des Gruppenalltags können mit den Kindern reflektiert und überprüft werden, sodass sie dadurch transparent und verständlich werden.

Daraus kann sich ergeben, dass manche Regel überflüssig ist, neu überdacht, neu hinzukommen oder festgeschrieben werden muss. Empfehlenswert ist es, die mit den Kindern erarbeiteten Regeln auf einem großen Plakat mit Bildern, Fotos oder Symbolen festzuhalten. Geregelt werden kann mit den Kindern z.B., was sich in den Schränken und Schubladen in der Kinderküche befindet, was eingekauft und gekocht werden soll.

Die Kontrolle der Regeln wird weitgehend den Kindern überlassen. Kinder sind durchaus in der Lage, eine logische Folge eintreten zu lassen, wenn die Regel nicht beachtet wurde. Was dann passieren könnte, sollte den Kindern möglichst vorher bekannt und mit ihnen abgestimmt sein. Wenn Kinder z.B. das Geschirr falsch einräumen, werden sie aufgefordert, noch mal auf die Schilder zu schauen und ihr Handeln zu korrigieren. Geht ein Teil kaputt oder wird Milch verschüttet, ist die Folge (logische Konsequenz), die Scherben mit Handfeger und Kehrblech zu entfernen bzw. den Fußboden aufzuwischen. Kleine oder neue Kinder dürfen andere um Hilfe bitten.

Eine der vielleicht bedeutsamsten Regeln in den Partizipationsprozessen von KiTas ist, dass die Kinder sich auf ihre Erzieherinnen (und Eltern) verlassen können. Das bedeutet, dass sie nicht allein gelassen werden (von Eltern zuverlässig abgeholt und unterstützt) und so viel Begleitung wie nötig von der Erzieherin erleben, wenn es Probleme, Krisen oder Konflikte gibt.

Verbindlichkeit ist ebenso erforderlich. Verabredete Kinderkonferenzen müssen wie vereinbart stattfinden. Die Regeln müssen stets auch von Erwachsenen beachtet werden (z.B. im Krippen-Gruppenraum keine Straßenschuhe tragen;

auf Süßigkeiten beim Frühstück verzichten; im Morgenkreis nicht das Handy benutzen). Verbindlichkeit bezieht sich auch auf Partizipationsprojekte. Sie dürfen nicht folgenlos bleiben. Das bedeutet auch, dass Projekte in einem Zeitraum stattfinden, der für die Kinder überschaubar ist. Wenn sie scheitern (z.B. wenn die beantragten Finanzmittel abgelehnt werden), sollte den Kindern zumindest der Grund erläutert werden.

Festgeschriebene und transparente Regeln (und Rituale) bedeuten für Kinder, aber auch für neue Erzieherinnen und Eltern, insbesondere in der Eingewöhnungsphase, einen Zugewinn an Sicherheit und Entscheidungsfähigkeit.

4.11 Kinder an die Macht

> Gebt den Kindern das Kommando
> Sie berechnen nicht, was sie tun
> Die Welt gehört in Kinderhände
> Dem Trübsinn ein Ende
> Wir werden in Grund und Boden gelacht
> Kinder an die Macht
> […] kennen keine Rechte, keine Pflichten
> Unbewegte Kraft, massenhaft
> Ungestümer Stolz
> Kindlich genial!
> *Herbert Grönemeyer*

Einleitend provokativ die Forderung »Kinder an die Macht«, ein Lied von Herbert Grönemeyer. Es wird deutlich, dass der Begriff *Macht* in der Pädagogik oft ein suspektes Thema ist, allgegenwärtig aber selten thematisiert.

Wortsemantisch kann der Begriff Macht auf das gotische Wort *magan* zurückgeführt werden. Das bedeutet so viel wie Möglichkeit, Fähigkeit, Gelegenheit oder Mittel. Es bedeutet aber auch, dass Macht nur wirksam werden kann in einer Beziehung, einer sozialen Gemeinschaft, wo z.B. Kinder aufgrund ihrer Mangelbedürfnisse- und Erziehungsbedürftigkeit auf andere (Machthaber) angewiesen sind (Kapitel 3:2: Die (kindlichen) Bedürfnisse).

Machtverhältnisse sind immer zweiseitig zu betrachten. Einer verfügt über die Macht, weil er z.B. Geld hat, stärker, größer, redegewandter ist, mehr Erfahrung, mehr Freunde hat … und der andere muss / wird seine Macht in den meisten Fällen deshalb akzeptieren, dulden oder befolgen.

Machtspiele / Machtkämpfe gibt es unter Kindern in der KiTa, aber ebenso zwischen Erzieherinnen und Kindern, weil Erstere den Zugriff haben auf Schränke, Materialkammern, Büroschlüssel, PC o.Ä. Aber auch Kinder haben / üben Macht über Erwachsene aus, indem sie mit Liebesentzug drohen (»Du bist nicht mehr meine liebe Mama«; »Ich hasse dich«…). Selbst Säuglinge verweigern die Brust, spucken den Spinat wieder aus oder schreien solange, bis sich ein Erwachsener ihnen zuwendet.

Bei Partizipationsprojekten in KiTas, stellt sich die Frage nach Entscheidungsbefugnissen und Machtverhältnissen zwischen Kindern und Erwachsenen. Setzt Partizipation voraus, dass die Erwachsenen freiwillig ihre Macht abgeben und Kinder dazu bemächtigen, alles zu bestimmen und zu entscheiden? Ein Recht hätten die Kinder, zumindest an allen Angelegenheiten (und Entscheidungen) beteiligt zu werden, die sie betreffen oder betroffen machen. Dazu gehören z.B. Zwänge, wie im Winter Handschuhe, Mütze und Jacke anziehen zu müssen; zu frühstücken, obwohl man keinen Hunger hat, oder zum Mittagsschlaf ins Bett zu gehen, auch wenn man nicht müde ist; Schimpfwörter nicht benutzen zu dürfen; nicht mit Gegenständen zu werfen; nicht mit der Faust auf den Tisch zu schlagen, weil man wütend ist, oder den Kindergarten nicht zu verlassen. Wenn Kinder all dies allein entscheiden dürfen, können Erwachsene leicht in Konflikt geraten mit ihrer Fürsorge- und Aufsichtspflicht.

Bevor ich Kindern die Entscheidungsbefugnis über alle Dinge gebe, muss ich als verantwortungsvolle Erzieherin das Alter, den Entwicklungsstand, die individuellen Begabungen, den Kulturkreis und das Geschlecht des jeweiligen Kindes berücksichtigen. Bei Hortkindern ist die (Selbst-)Verantwortung z.B. fürs Essen, Anziehen und allein nach Hause gehen wesentlich größer als bei Krippenkindern.

Deutlich wird, auch mit Blick auf nachfolgende Ausführungen, dass Macht immer mit Emotionserfahrung verbunden ist.

Macht eines anderen ist etwas, das man fürchtet: Er kann uns zwingen, etwas zu tun, ob wir es wollen oder nicht. Macht ist suspekt: Menschen gebrauchen ihre Macht, um andere für ihre eigenen Zwecke auszubeuten. Macht erscheint als unethisch: Jeder Mensch sollte in der Lage sein, alle Entscheidungen für sich selbst zu treffen (Elias, N. 1991, S. 97).

In KiTas wird oftmals vermieden über Macht / Machtverhältnisse zu diskutieren. Eine Erklärung dafür könnte sein, dass Leitungen, Trägervertreter nicht *gefürchtet* werden möchten und der Begriff der *Ausbeutung* in unserer heutigen Gesellschaft nicht gerade als besonders ethisch gilt. Macht und Ausbeutung passen auch nicht zu der theoretischen Basis der Partizipation (vgl. Kapitel 3) mit Begriffen wie Transparenz, Vertrauen, Empathie und WERT-Schätzung und dem humanistischen Bild vom Kind.

Es darf allerdings auch nicht übersehen werden, dass Macht selbst in einer praktizierten demokratischen Gesellschaft (griechisch: Demos = das Staatsvolk), nicht nur im KiTa-Alltag immer eine Rolle spielen muss. Selbst eine noch so einfühlsame und kindzentriert arbeitende Erzieherin kann nicht immer machtvolles Verhalten vermeiden. Mit Blick auf straf- und aufsichtsrechtliche Verantwortung wird dies deutlich. In bestimmten Fällen (Umgang mit der Motorsäge, Bohrmaschine, Führen eines Kraftfahrzeugs ohne Fahrerlaubnis, Spielen auf Straßenbahngleisen etc.) muss Kindern der eigenständige Umgang logischerweise untersagt, ihnen die Macht entzogen werden, eigenständige Entscheidungen zu treffen und mitzubestimmen.

Die Machtfrage betrifft nicht nur den persönlichen Bereich eines Kindes. Macht kommt auch ins Spiel bei Angelegenheiten, die den Alltag der Gemeinschaft betreffen und betroffen machen. Die Gemeinschaft ist sehr unterschiedlich. Auf der einen Seite kann es die Interaktion im Rollenspielbereich mit einem Kind oder einer Kleingruppe sein, wenn es z.B. um die Auseinandersetzung geht, ob ein bestimmtes Kind noch mitspielen darf. Es kann aber auch um Entscheidungen mit und in der Gesamtgruppe oder des ganzen Kindergartens gehen, wenn z.B. ein Faschingsoberthema für die ganze KiTa ausgewählt werden soll.

Mit Blick auf Macht sind ein Be- und Umdenken und die Bereitschaft vieler Erzieherinnen erforderlich, sich auf eine neue pädagogische Herausforderung einzulassen. Das Kind muss zunächst als mündiger Akteur seiner Entwicklung anerkannt werden. Es ist demzufolge eine notwendige Grundlage, zu ihm eine verlässliche, vertrauensvolle Beziehung aufzubauen. Das bedarf einer guten Eingewöhnung, umsichtig, geduldig einfühlsam mit so viel Zeit, wie das jeweilige Kind sie braucht.

Die Entscheidungsmacht können sich bei obiger Grundeinstellung und Haltung Kinder und Erzieherinnen teilen. Das wird nicht immer gelingen und ist oft ein langwieriger, aber demokratischer Prozess mit ungleichen, dennoch gleichwertigen Beteiligten. Eine symmetrische Lösung ist dann gefunden, wenn möglichst viele Beteiligte zufrieden sind.

Abschließend sei ein spannender Hinweis von Hannah Ahrendt, *Macht* und *Gewalt* betreffend, genannt, der sicher für Zünd- und Diskussionsstoff in einigen KiTa-Teams, Arbeitsgemeinschaften, Leiterrunden und auf Elternabenden sorgen kann. Ahrendt (1970) verdeutlicht, dass der Machthaber nur solange mächtig ist, wie andere ihn ermächtigen, seine Macht anerkennen, sie hinnehmen und er in ihrem Namen handelt. Wenn ihm die Macht entzogen wird, ist er ohnmächtig und kann dann nur noch seine Macht mit Gewalt durchsetzen. Gewalt kann psychisch, körperlich oder mit anderen Werkzeugen (Schlagstöcke, Gewehre …) ausgeübt werden. Aus ihrer Sicht ist Gewalt nur *rational*, wenn kurzfristige Ziele damit verfolgt werden. Gewalthandlungen haben immer etwas Zufälliges, Willkürliches an sich. Ahrendt postuliert, dass der Hang zur Unterwerfung, der Trieb zum Gehorsam und der Schrei nach dem starken Mann in der menschlichen Psychologie eine mindestens ebenso große Rolle spielen wie der Wille zur Macht.

An dieser Stelle soll unbedingt noch einmal deutlich gemacht werden, dass Gewaltanwendung gerade bei Kindern zu immensen Schädigungen (körperlich und psychisch), dem Verlust von Autonomie und Würde, bis hin zum kompletten Beziehungsabbruch führen kann: ein hoher Preis für falsch verstandene und angewandte Macht und Gewalt und gesetzlich untersagt (§1691 Abs. 2 BGB).

4.12 Befindlichkeiten, Lebensbedingungen der Kinder beobachten

Das Klima in der Gruppe, das Einfühlungsvermögen von Kindern und Erwachsenen, *was* die WERT-Schätzende Zugewandtheit der Erwachsenen erlaubt, fordert jedes einzelne Kind geradezu auf:
- *Neu-gierig* zu sein,
- zu fragen,
- eigene Ideen einzubringen und sie auszuprobieren,
- etwas zu erforschen,
- eigene Logik zu erklären,
- persönliche Befindlichkeit zu äußern,
- den Tagesablauf mitzubestimmen und mitzugestalten und
- die Beobachtungen der Erzieherinnen zu unterstützen.

Das sind wichtige Grundbausteine und Erziehungsziele, um die Lebensbedingungen und Befindlichkeiten von Kindern mit Kindern zu entdecken und zu verbessern. Auch beim Beobachten können Kinder durchaus beteiligt werden. Selbst Babys lernen in den ersten Lebenswochen schon zu beobachten. Lernen gehört folglich zu den ersten komplexen Handlungen, an denen mehrere Bereiche der sich ent*faltenden* Persönlichkeit beteiligt sind. Beobachtung ist mehr als wahrnehmen. Hinzu kommen Neu-Gierde, Konzentration und Beachtung ihrer selbst.

Aus diesen Beobachtungen kann sich die Notwendigkeit ergeben, Eltern und Kinder statt weiterer *Zuvilisation* zu entlasten. Dieser Begriff soll deutlich machen, dass heutige Kinder viel zu viele, oft unzählige Angebote nutzen. Zahlreiche externe Berater und Therapeuten werben um die Kinder. Viele Kinder haben dadurch Zeitpläne wie Manager, sind zunehmend verplant, z.B. mit Schwimm-, Musik-, PEKIP-, Taekwondo-, Meditations- und / oder Reitkursen.

Die Erzieherin muss unbedingt Kenntnis von den Lebensbedingungen, einschließlich des kulturellen Umfeldes (GLOBE), jedes Kindes haben, um zu dessen Entlastung beitragen zu können. Zusätzlich wird sie das Kind in der KiTa detailliert *be(ob)achten* und Erkenntnisse dokumentieren (z.B. mit dem Entwicklungs- und Kompetenzprofilbogen – Stärken statt Defizitorientiert – von Tassilo Knauf

5/2005), um in Erfahrung zu bringen, was / wer das Kind bewegt. Dadurch kann die Erzieherin ihrer Rolle gerecht werden und ihr partnerschaftlichen Verhältnis zu Kindern und Eltern auf- und ausbauen, als Bündnispartnerin, Entwicklungsbegleiterin und Mitlernende (ehrlich, authentisch, respektvoll, acht- und einfühlsam).

In Elterngesprächen kann sich daraus die Not-wendigkeit ergeben zur *Entschleunigung* beizutragen oder aber anregend tätig zu sein und Möglichkeiten zu zeigen, wie das jeweilige Kind seinen Stärken, Interessen und Kompetenzen entsprechend gefordert und gefördert werden kann.

Hierzu braucht die Erzieherin passgenaue, auf jedes Kind individuell zugeschnittene stabilisierende Faktoren sowie kontinuierliche, verlässliche, partnerschaftliche und vertrauensvolle Beziehungen. Hier ist es oft Not-wendig , Netzwerke mit Lehrerinnen, Erzieherinnen, Paten, Peergroups, Nachbarschaft usw. zu knüpfen, um die Familien zu entlasten, damit sie nicht ermüden, sondern Unterstützung finden. Auch hier ist eine Beteiligung der Betroffenen wichtig. Einfühlsam, achtsam, WERT-Schätzend – und immer darauf achtend, dass die Chemie stimmt.

In manchen Fällen können allein schon Rituale ausreichend sein. Nicht nur im Kindergarten, sondern auch im Elternhaus sind Gespräche, Gebete oder Lieder (bei gemeinsamen Mahlzeiten, beim Ins-Bett-Bringen …) und möglichst auch eine gemeinsame tägliche Spielzeit (Sternstunden, selbst wenn es nur 10 Minuten sind) förderlich. Erzieherinnen und Eltern können diesbezüglich in einen Dialog treten, sich gegenseitig austauschen, unterstützen, informieren und Anregungen geben über die Vorlieben des jeweiligen Kindes. Der Austausch dient der Partizipation und unterstützt sie auch. Sie bekommt einen Rahmen, passgenau an jeweiligen lebensweltlichen Erfahrungen des Kindes orientiert. Angebote können dadurch interessenzentriert, dezentral, lokal, alters- und entwicklungsspezifisch auf niedriger Basis installiert werden, immer in Ab- und Übereinstimmung mit dem jeweiligen und betroffenen Kind.

5. Konzept Entwicklung Partizipation im KiTa-Alltag

5.1 Grundsätzliche Gedanken zur Konzeptionsentwicklung

Die Konzeption ist ein für die Öffentlichkeit erstelltes Papier, eine wesentliche Grundlage und ein Instrument zur Positionierung, um besser einschätzbar und weniger manipulierbar zu sein und Sicherheit zu erlangen in der Beurteilung der Qualität der eigenen Arbeit.

Im Rahmen meiner Tätigkeit als Fachberaterin für KiTas muss ich leider immer wieder feststellen, dass viele Einrichtungen Konzeptionen – obwohl vom Gesetzgeber gefordert – nicht oder nur in unzureichendem Umfang begonnen bzw. vollendet haben. Die Gründe sind sicherlich vielfältig, wie z.B.:
- Ängste, etwas falsch zu machen, zu versagen oder vor Kontrollen
- mangelnde Verfügungszeit
- Unsicherheiten, nicht die passenden Worte zu finden
- Selbstwertprobleme vor einer Überprüfung oder Kontrolle
- Schwierigkeiten im Umgang mit dem Computer oder
- mangelnde Übung in der theoretischen Aufzeichnung der pädagogischen Arbeit

Ich persönlich sehe die Entwicklung einer Konzeption nicht als Last, sondern als Chance, für die Wichtigkeit und Notwendigkeit des Erziehungs- und Bildungsauftrages der KiTa zu werben, Profil zu zeigen und somit das Ansehen unseres Berufsstandes aufzuwerten. Vielerorts wird die KiTa immer noch nicht ernst genommen (Dobrick, M. 2005).

Als Metapher benutze ich gern den Vergleich zum Aufbau eines kalten Büffets, das bedeutet, dass ich beim Aufbau bereits weiß, dass nicht jedem alles schmeckt und ich mich dennoch auf den Weg mache, eine individuelle, einrichtungsspezifische Konzeption zu entwickeln und zu erarbeiten, die wie eine Spirale von einem festen Kern (Grundannahmen, Mitarbeiterinnen, Elternvertreter …) ausgeht, Veränderungen zulässt und nie endgültig fertig sein wird.

Die pädagogische Konzeption soll Orientierungshilfe, Nachschlagewerk, Argumentationsstütze und Arbeitsgrundlage sein und die Leserin wie ein Spiegelbild zu einem Perspektivwechsel anregen, um die Lebensverhältnisse, die Qualität in der KiTa zu verbessern und sich ihrer Verantwortung für die Gemeinschaft bewusst zu werden.

5.2 Alltagspartizipation in Konzeptionen

Ein Vergleich der Autorin bezüglich der aktuellen pädagogischen Ansätze ergab, dass in den meisten Fällen Partizipation in der Konzeption nicht explizit erwähnt wird. Scheinbar erscheinen die meisten Beteiligungsaktivitäten im KiTa-Alltag den Erzieherinnen wenig spektakulär.

Die Möglichkeiten, Partizipation bereits im KiTa-Alltag auszuprobieren und zu leben und damit gesellschaftliche Beteiligung (Demokratie) bereits mit Null- bis Siebenjährigen zu üben, können theoretisch in jeden pädagogischen Ansatz integriert werden.

In den kommunalen KiTas in Reggio Emilia (Italien) existieren umfangreiche, institutionalisierte Formen der Beteiligung. Im Handlexikon der Reggio-Pädagogik (Lingenauber, S. 2004, S. 104ff.) wird z.B. zunächst auf die Partizipation der Kinder (eine Art Kinderparlament: *gioco del che fare* = Spiel des Was-Tuns oder Planungsspiel) und anschließend auf die der Erzieherinnen und der Eltern eingegangen. Die Leitung einer KiTa liegt z.B. in der Hand eines gemeinschaftlichen Leitungsrats (*consiglio di gestione sociale*).

Angelehnt an v. Hentig (1996, S .27) kann eine KiTa als nennenswerte Gemeinschaft, als *polis* (altgriechisch = Stadtstaat, z.B. Athen) verstanden und betrachtet werden, zu der beispielsweise Versammlungen, gemeinsame Regelung von Geselligkeit, Gespräche, Gesetze und die Achtung des Gastrechts gehören.

Kinder und pädagogische Fachkräfte sind im Handlungszusammenhang oder als Handlungseinheit zu betrachten; sie haben das Alltagsleben gemeinsam zu regeln. Hierbei geht es nicht allein um dinghafte Produkte, einmalige Projekte und Resultate, sondern um Engagement, Zusammenarbeit, Handeln im Interesse des Gemeinwesens und die demokratische Qualität des gelebten Alltags.

KiTa ist als Gesellschaft im Kleinen zu verstehen. Sie ist eine Gemeinschaft aller in ihr tätigen Personen, die sich in ihrer Unterschiedlichkeit akzeptieren und achten. Im Alltag sollen hier Verhaltensweisen gelernt werden, die von Bürgerinnen unserer Gesellschaft erwartet werden. Es geht um das friedliche und vernünftige regeln gemeinsamer Angelegenheiten, was durch Verantwortung und Beteiligung geschieht.

KiTa ist ein Lebens- und Erfahrungsraum, der Mitgestaltungs- und Mitbestimmungsmöglichkeiten für Kinder anbietet, was Engagement und Gestaltungswillen der Erzieherinnen voraussetzt.

Eine wesentliche Aufgabe der pädagogische Fachkräfte ist es, das Selbstvertrauen der Lernenden zu stärken: sie nicht nur zu unterrichten, sondern auch aufzurichten, ihnen Lernerfolge zu vermitteln, statt an ihren Defiziten anzusetzen. Die Kinder allseitig zu bilden bedeutet: Erfahrungen ermöglichen, die selbstständiges Erproben, Handeln im motorischen Bereich einschließen und zugleich auf den emotionalen und sozialen Bereiche übertragbar sind.

Statt der Hilfe von einem Erwachsenen kann in vielen Fällen die Kraft der Gruppe genutzt werden. Häufig sind Kinder untereinander sehr gute Helfer und manchmal sind sie auch die besseren (Thurn, S. / Tillmann, K. J. 1997, S. 88).

5.3 Partizipationsmöglichkeiten in KiTas

In der nachfolgenden Tabelle wird an einigen Beispielen dargestellt, welche Beteiligungsformen in den KiTa-Alltag problemlos integriert werden können und sich bereits bewährt haben.

Tab. 3: Partizipationsmöglichkeiten in Kitas

Modell	Hauptmerkmale	Orientierung
Stuhlkreis	– Kontinuierlich, täglich – Alle 25 Kinder der Gruppe nehmen möglichst gleichzeitig teil.	Lokale Fragen aus dem lebenspraktischen Umfeld kindlicher Aktivitäten (Kommunikation).
Frühstück	– Kontinuierlich, täglich – Die Kinder entscheiden, mit wem, wann sie frühstücken wollen. – Die Gruppengröße richtet sich nach dem Platz.	Die Kinder können an einem bestimmten Frühstückstisch essen, wann immer sie Hunger haben. Sie decken den Tisch und räumen ihn selbstständig ab.
Angebote	– Freiwillige Teilnahme einzelner Kinder – Die Angebote können je nach Bedarf von Kindern oder Erziehern durchgeführt werden.	Die Erzieherin bietet den Kindern situationsorientierte Angebote, die krea(k)tiv an den Bedürfnissen der Kinder orientiert sind.
Modellbau	– In Kleingruppen – Bei mehreren Gruppen kommen die Kinder mit allen fertigen Modellen ins Plenum und versuchen einen Konsens zu finden.	Bei Spielplatzplanungen oder Gruppenraumeinrichtungen haben sich dreidimensionale Modellbauten eher bewährt als Befragungen oder Kinderzeichnungen.
Kinderparlament	– Vertretung der Kindergartengruppe durch gewählte Kinder als Vertreter der Interessen der Gesamtgruppe.	Fragen von kindlichen Belangen: Tee / Essenauswahl, Spielmaterialbestellungen.

Kinderbe-teiligung durch: Modellbau Karten-abfrage Anhörung	Beteiligung an planerischen Maß-nahmen, die Kinder betreffen.	– Auswahl von Geräten für das Außengelände – Einrichtung einer Cafeteria – Neugestaltung des Flurs – Gestaltung von Funktionsberei-chen im Gruppenraum – Belange bzgl. Neu- / Umbaumaß-nahmen – Einstellung neuer Erzieher
Initiativen Projekte	Mit Kindern geplante Aktionen, auch spontan möglich.	– Umwelt- und Verkehrsfragen – Zeitungsprojekte – KiTa – Radioprojekt – Erkundungsgänge zu Hausein-gängen – Erkunden von coolen und blöden Spielorten – Projekte zur Wiederbelebung von Funktionsbereichen – Exkursionen zur Feuerwehr, Polizei … – Auswahl / Abstimmung eines Faschingoberthemas
Kinderbüro	Angebote zur Aktivierung von Kin-dern, die es ihnen ermöglichen am Gemeinwesen teilzunehmen, Außen-kontakte zu knüpfen und Informati-onen selbstständig einzuholen.	– ein Schreibtisch für Kinder – Videokamera / Fotoapparat bedienen – echtes Telefon benutzen – Telefonate entgegennehmen – ggf. Gespräch weiterleiten – Anrufbeantworter besprechen – Klingelton auswählen – PC mit Internetanschluss für Erkundungen nutzen – Erzieherin oder ein Hortkind als Sekretärin nutzen und etwas diktieren – Briefe etikettieren, Briefmarken von der Post holen und aufkle-ben, Pakete aufgeben
Kinder-gericht	Regeln, Grenzen, Ämter werden gemeinsam mit Kindern abgespro-chen und festgeschrieben.	Ein gewähltes Gremium wacht über die Einhaltung der Regeln.
Platz für eigene Ideen Wünsche Erfahrungen		

5.4 Der Tag in einer Beteiligungs-KiTa

Zunächst tritt sicherlich eine große Anzahl von Fragen auf, die pädagogische Fachkräfte, Träger und Eltern beschäftigen, die ihrer Einrichtung ein demokratisches Profil geben wollen.

- Unterscheidet sich der Tagesablauf in einem Beteiligungskindergarten von dem eines normalen Regelkindergartens?
- Gibt es eine verpflichtende Politikstunde?
- Muss in der Konzeption der Begriff »Partizipation« festgeschrieben sein?
- Was brauchen Kinder, was brauchen Erwachsene, um sich zu beteiligen?
- Brauchen Kinder ein gewisses Alter oder einen entsprechenden IQ-Wert?
- Werden Kinder verpflichtet sich an den Angeboten zu beteiligen?
- Brauchen die pädagogischen Fachkräfte eine Zusatzausbildung?
- Gibt es überhaupt noch Arbeit für die pädagogischen Fachkräfte?
- Gibt es Situationen, in denen Mitbeteiligung unmöglich ist?
- Dürfen Kinder über Tische und Bänke gehen?
- Werden sie ausreichend auf die Schule vorbereitet?

Die Antwort darauf ist zunächst, dass es auf die individuelle Grundhaltung (Einfühlung, WERT-Schätzung) und Unterstützung der pädagogischen Fachkräfte ankommt.

Jede Beteiligungs-KiTa wird ein eigenes Profil, eigene Schwerpunkte und (Tages-)Abläufe haben. Das nachfolgende Beispiel einer KiTa soll verdeutlichen, wie Beteiligungsaspekte in einen normalen Tagesablauf integriert werden können, ohne dass nur politisiert und alles zerredet wird.

Durch alltägliche Partizipationsmöglichkeiten der Kinder entwickeln sich Partizipationsfähigkeiten, die entscheidende Faktoren für die (politische) Sozialisation von Kindern sind und (Selbst-)Bildungsprozesse ermöglichen. Der große Ernst, die Selbstverständlichkeit und die spielerische Leichtigkeit, mit der Kinder sich beteiligen, erstaunt immer wieder Erwachsene, die für diese Kompetenzen oftmals hart (an sich selbst) arbeiten müssen.

5.4.1 Rahmenbedingungen des Fallbeispiels Vita

Die *Vita* ist eine evangelische KiTa in einem Vorort einer mittelgroßen Kreisstadt. Die Vita wurde vor fast 40 Jahren in spontaner Initiative von Eltern gegründet, die schon damals unternehmensfreudig die Bedeutung des frühkindlichen Lernens erkannt haben, nämlich schon Drei- bis Sechsjährige lebenskräftig zu machen. Zwei pädagogische Fachkräfte arbeiten gleichzeitig in der Vita mit einer Konzeption, die dem Erziehungs- und Bildungsauftrag des KJHG, des Niedersächsischen KiTa-Gesetzes und des Niedersächsischen Orientierungsplans gerecht wird.

Der Vita steht ein Gebäude mit Außengelände zur Verfügung, welches bei Bedarf außerhalb der Betreuungszeiten auch von anderen kirchlichen Gruppen gern genutzt werden darf. Die Räume sind für 20 Kinder großzügig geschnitten. Der feste Gruppenraum (40 qm) ist in verschiedene Funktionsbereiche aufgeteilt (z.B. Bau- und Lego-Ecke; Bastel- und Maltisch; Arztpraxis) und verfügt über eine Hochebene, auf der unterschiedliche Aktionen stattfinden. Zurzeit wird diese als Leseplatz genutzt, der von unten nicht direkt einsichtig ist und somit den Kindern Rückzugsmöglichkeiten bietet. Der untere Teil ist zur Puppenwohnung ausgebaut. Angegliedert sind ein Flur mit Garderobe und zwei normalen Toiletten (keine Kindertoiletten) und eine kleine Küche. Vor der Teeküche gibt es einen festen Frühstücksplatz.

Ein großer Bewegungsraum schließt sich durch eine Schiebetür und Stellwände getrennt an. Dieser Raum wird als *großer Raum* bezeichnet und kann von den Kindern zum Toben, für Rollenspiele oder zum Budenbauen genutzt werden. Auch das wöchentliche gemeinsame Turnen findet dort statt.

Die Vita verfügt über ein großes Außengelände. Ungewöhnlich ist, dass es nicht durch einen Zaun von der Straße abgetrennt ist und die Außentür des Vita-Gebäudes einen Drehgriff in kindgerechter Höhe hat – beides ist ein großer Vertrauensbeweis. Bislang ist nichts Nennenswertes passiert. Sollte etwas passieren, wird eine Neuregelung überlegt. Den Kindern stehen neben einer Schaukel, ein Tunnel, ein Kletterhaus und eine Rutsche zur Verfügung. Mit Kindern, Eltern und dem Vita-Team wurde der Außenspielplatz vorwiegend naturnah angelegt. Das Gelände ist durch Hügel, Mulden, Rasen- und Sandflächen, Bäume, Büsche, Weidenhaus, liegende Baumstämme und Wurzeln so gestaltet, dass es vielfältige Bewegungsanlässe bietet.

Das multidisziplinäre Team (fünf pädagogische Fachkräfte) hat unterschiedliche Grundqualifikationen (Spielkreisgruppenleiterin, Kinderpflegerin, Kinderkrankenschwester, Erzieherin mit heilpädagogischer Zusatzausbildung). Alle pädagogischen Fachkräfte haben eine berufsbegleitende Zusatzausbildung. Gemeinsam bilden sie sich kontinuierlich (mindestens einmal im Monat) fort. Bei den Themen wird Wert auf Aktualität und Qualität gelegt. Zum Jahresbeginn wird das Fortbildungsprogramm in Zusammenarbeit mit der KiG (Kindergarten und Kinderspielkreis Interessengemeinschaft, ein trägerübergreifendes Fortbildungsnetzwerk in Peine) partizipatorisch geplant. Die Dozenten kommen aus dem gesamten Bundesgebiet (auch aus der Schweiz) und sind Experten im Bereich der frühkindlichen Bildung. Sie nutzen die Fachberatung zu Fallbesprechungen, aber auch bei der gemeinsamen Konzeptionsentwicklung an mehreren Wochenenden im Jahr. Deutlich wird hierbei, dass die Weiterentwicklung und das Engagement über die normale Arbeitszeit hinausgehen. Die pädagogischen Fachkräfte besitzen nicht nur eine hohe Fachkompetenz und Qualifikation, sondern sind auch authentische Vorbilder. Alle haben Freude an der Beteiligung und jede Einzelne ist offensichtlich gern bereit sich einzufühlen, Macht abzugeben und mit Kindern kre-a(k)tiv auf einer Augenhöhe zu arbeiten.

5.4.2 Der Tagesablauf

Der Tagesablauf in der Vita sieht von Dienstag bis Freitag (montags ist der Ablauf durch das gemeinsame Turnen leicht abgewandelt) folgendermaßen aus:

~08.00 – 08.30 Uhr Frühdienst
~   08.30 Uhr Morgenrunde
~09.00 – 10.30 Uhr Freispiel und Angebote
~09.00 – 10.30 Uhr Frühstücksbüffet
~   10.30 Uhr Aufräumen, Hinausgehen
~11.30 – 12.00 Uhr Mittagsrunde, Abholphase

5.4.3 Individuelle Bedürfnisse und Freispiel

In der Freispielzeit werden Spielorte, Spielmaterial, Spielinhalte und Spielpartner von jedem Kind selbstständig gewählt. Die pädagogischen Fachkräfte sehen es als ihre Aufgabe an, sich nicht ganz herauszuhalten. Sie lenken nicht, sondern be(ob)achten, nehmen die einzelnen Stärken der Kinder – anstatt Defizite – wahr (Knauf, T. 2005, S. 100ff.) und verfassen entsprechende Dokumentationen.

Die Erzieherinnen sind immer wieder begleitend aktiv und engagiert tätig, indem sie z.B. sich mit einem bislang wenig integrierten Kind in Rollenspiele einbringen.

Sie fördern die Kinder pädagogisch im Sinne von *pais* (griechisch = das Kind) und *agein* (griechisch = führen), indem sie z.B. mit einzelnen Kindern den Raum vorbereiten und anregend gestalten, damit sich jeder wohlfühlen kann. Erzieherin zu sein bedeutet für sie, das Spiel der Kinder teilweise belebend und anregend zu unterstützen, Hilfe zur Selbsthilfe – im Sinne einer mitmenschlichen und partnerschaftlichen Unterstützung – zu geben.

Ein neues Kind ist in die Vita gekommen. Die Neulinge werden verantwortlich in die Gruppe der Experten aufgenommen, indem gemeinsam in der Gruppe nach Paten gesucht wird. Neue und alte Kinder werden hierbei gleichberechtigt beteiligt.

Die pädagogischen Fachkräfte ermuntern die Kinder, mit ihren Stärken zu arbeiten, d.h. einem Kind eine sich selbst gestellte Aufgabe, die es erfolgreich bewältigen kann, z.B. den Umgang mit der Schere, solange es Lust hat, zu ermöglichen.

Die Rolle der Erzieherin erfordert analytische und diagnostische Kompetenzen und notfalls auch Grenzen zu setzen und einzugreifen, wenn es Kindern nicht gelingt, Konflikte friedlich und verbal miteinander zu lösen.

5.4.4 Das Frühstücksbüffet
Jeweils zwei Kinder bereiten gemeinsam das Frühstück in Büffetform vor:
- Planung der erforderlichen Lebensmittel und Zutaten
- Erstellen eines Einkaufszettels (manchmal mithilfe der Erzieherin)
- Einkauf der Lebensmittel – gemeinsam mit einer Erzieherin oder einer Mutter – im nahegelegenen Supermarkt oder direkt beim Bauern
- Äpfel ausstechen
- Brot toasten
- Müsli zubereiten
- Obst schälen und aufteilen
- Gemüse putzen und aufschneiden
- Frühstückstisch decken
- Frühstück einläuten
- Tisch abwischen
- Frühstücksbereich fegen etc.

Jedes Kind kann selbst entscheiden, wann und mit wem es frühstücken möchte. Die pädagogischen Fachkräfte frühstücken ebenfalls an dem Frühstückstisch, beteiligen sich an den Tischgesprächen und selbstverständlich an den anfallenden Arbeiten. Jedes Kind (Erzieherin) wäscht und trocknet nach dem Essen sein benutztes Geschirr ab und deckt seinen Platz für den Nächsten ganz selbstverständlich neu ein. Der Essensplan richtet sich nach den Wünschen der Kinder (Mehrheitsentscheidung / Minderheitenschutz).

5.4.5 Morgenrunde – neue Gesprächsformen
Der weit verbreitete Stuhlkreis / Morgenkreis hat in dieser Vita eine neue Bedeutung. Statt bisheriger Übungen der Erzieherin mit dem Kind wie z. B. Geschichten vorlesen, Finger-, Kreis-, Singspiele oder Bilderbuchbetrachtungen gibt es *Kinderkonferenzen*, in denen zusammengesessen, gestanden, gelegen und Wichtiges miteinander besprochen wird.

Die altbewährten Angebote fallen deshalb nicht grundsätzlich weg. Stattdessen geht es darum, dass sie situativ und bedarfsgerecht eine neue Wertigkeit erhalten und die Initiative hierzu größtenteils von den Kindern ausgeht. Das Team der Erzieherinnen tritt als gleichberechtigter Partner auf. Es hat die Verantwortung, aber auch die Freiheit, aus den Äußerungen und Interpretationen der Bedürfnisse und Wünsche der Kinder pädagogische Angebote und Projekte abzuleiten oder Impulse zu setzen. Dadurch kann den Kindern ein Mehr an Anregungen, Ressourcen und Kompetenzen zukommen.

Betont und explizit hervorgehoben wird dadurch auch die Wichtigkeit und

Bedeutung, der *balancierten und einfühlsamen Kommunikation*. Sie gilt als Basis für Selbstständigkeit, Selbstsicherheit und Selbstbewusstheit.

Kinder lernen:
– sich frei auszudrücken
– das Wort zu haben
– deutlich zu spüren, dass ihre subjektive Welt von Erwachsenen und anderen Kindern respektiert, statt von außen verändert wird
– sich mit Dingen, Gegenständen, Themen und Fragen zu beschäftigen, die aus ihrem eigenen Leben stammen
– ihrem eigenen Rhythmus zu folgen
– mithilfe gegenseitiger, WERT-Schätzender und konstruktiv kritischer Rück- meldung die Fähigkeit, Konflikte sozialverträglich und konstruktiv zu lösen
– das Gespräche ein *dialogisches* und *balanciertes* miteinander kommunizieren sind

Zwischen Kindern und Erzieherin herrscht:
– ein menschlich-partnerschaftliches Verhältnis
– eine Beziehung
– Zugewandtheit
– Blickkontakt
– keine Berührungsangst

Raum, Zeit und Gelassenheit fordern Kinder geradezu heraus:
– Neu-gierig zu sein
– zu fragen
– zu forschen
– eigene Ideen einzubringen und sie auszuprobieren
– Erklärungen zur eigenen Logik abzugeben
– den Tagesablauf mitzubestimmen und mitzugestalten
– …

Neu-gierige, nicht alles wissende Erwachsene suchen gemeinsam mit Kindern nach Antworten und Lösungsmöglichkeiten. Die Erzieherin ist bemüht und zugewandt. Die Regeln sind:
– einsichtig
– logisch
– abgestimmt
– kooperativ auszuhandeln
– hinterfragbar
– veränderbar

Die Kontrolle wird soweit wie möglich den Kindern überlassen. Beidseitig ist viel Einfühlungsvermögen erforderlich, sei es durch besondere Gesprächsarrangements (z.B.: Kleingruppe, Sofaecke, Teppich, Fallschirm, Stuhlkreis, Sitzkissen) oder durch Hilfsmittel (Kluge Ente, Sprechstein, Klangkugel, angezündete Kerze, Noppenball oder Muggelsteine).

5.4.6 Angebote

Im hinteren Teil des Außengeländes befindet sich ein kleiner Gemüsegarten, den die pädagogischen Fachkräfte gemeinsam mit den Kindern angelegt haben. Die Kinder werden selbstverständlich an der Gartenarbeit beteiligt. Die Gartengeräte (einschließlich Gießkannen und Wasserschlauch) stehen bereit, wenn es an der Zeit ist, den Garten umzugraben und zu bestellen oder zu tun, was die Pflanzen im Gang durch die Jahreszeiten fordern. Hier geerntetes Obst und Gemüse werden beim Frühstücksbüffet verzehrt.

Den Kindern wird Gelegenheit gegeben, ästhetische Erfahrungen zu sammeln und alle fünf Sinne zu sensibilisieren. Mit dem Begriff *ästhetische Bildung und Erziehung* soll deutlich werden, dass Kinder bei all ihrem Tun ihren Kopf (Kognition), ihr Herz (Emotion), ihre Hände (Motorik) beteiligen können und sollen.

Kinder *flirten* mit der Welt (vgl. Dreier, A. 2004). Das heißt kindliche Erkenntnis ist nicht unbedingt das Produkt pädagogischen Bemühens, sondern entsteht im selbsttätigen Flirt des Kindes mit der Welt, sie sind mit Vergnügen, Kopf, Herz, Hand und Freude bei ihren Arbeiten.

»Kinder sind sehr empfänglich für den Genuss, den das Erstaunen bereitet …« (Malaguzzi, L. 1984 in Dreier, A. 2004, S. 138). Die Erzieherinnen unterstützen dies, indem sie die Kinder aufmerksam beobachten und auf ihren Lernwegen begleiten. Sie richten ihre Aufmerksamkeit vertrauensvoll auf die Kompetenzen, Interessen und Fähigkeiten der Kinder und helfen ihnen bei der Auseinandersetzung mit der Welt.

Angewendet und eingesetzt werden dabei echtes Werkzeug (Hammer, Säge, Schraubenzieher) und vielfältige Materialien (Wasserfarben, Staffeleien, Licht und Schatten, Stoff, Papier, Holz, Nägel), um zu experimentieren, Versuche durchzuführen, Neues auszuprobieren – zwei oder dreidimensional.

Die Kinder haben unendlich viele Ausdrucksmöglichkeiten, sozusagen 100 Sprachen (Lingenauber, S. 2000) oder wie Paul Klee formuliert: »Die Kunst macht etwas sichtbar, was man sonst nicht sieht und bildet nicht ab, sondern schaut auch dahinter« (Kastner, W. 2005).

5.4.7 Turnen

Am Montagmorgen bestimmt das gemeinsame Turnen den Tagesablauf. Nach dem Ankommen ziehen die Erzieherin und die Kinder selbstständig die mitgebrachte Sportkleidung an und turnen von ca. 8.30–9.30 Uhr, wobei die Psychomotorik u. a. in Form von Bewegungsbaustellen (Miedzinski, K. 2000) eine große Rolle spielt, um z.B. Körper-Wahrnehmung, das Koordinationsvermögen, den Gleichgewichtssinn und soziale Lernziele anzusprechen. Auf der Bewegungsbaustelle kommt die Lust des Eingreifens, des ordnenden Handelns, sich zu beteiligen, die Lust, etwas zu erbauen und sich daran aufzurichten zum Tragen.

5.4.8 Das Außengelände ist immer zugänglich

Das Außengelände ist weder eingezäunt noch vom Gruppenraum aus durch eine Fensterfront übersichtlich zu beobachten, dennoch ist den Kindern auch hier das Freispiel gestattet. Meistens ist dann auch eine Erzieherin mit draußen, sie:
– stürmt mit den Kindern den Sandkasten
– gräbt mit ihnen bis zum Erdmittelpunkt
– baut mit ihnen Naturhäuser
– errichtet mit Brettern, Hammer und langen Nägeln ein schwankendes Gebäude, um das Richtfest nachzuspielen, das vor einiger Zeit in der Nachbarschaft stattfand
– hilft mit den Sand auszutauschen, aufzufüllen wieder hineinzufegen
– rennt mit den Kindern um die Wette
– beobachtet gelassen, wie die Kinder z.B. mit den Fahrzeugen Absprachen treffen, sich arrangieren oder große und kleine Forschungsexperimente durchführen, coole und blöde Spielorte entdecken und ggf. Veränderungspläne entwickeln und entwerfen

Spiele mit dem Schwungtuch finden im Bewegungsraum oder auf dem Außengelände statt. Das Schwungtuch ist besonders geeignet, für die ganze Gruppe. So kann man kooperatives Zusammenwirken sichtbar und erlebbar machen, selbst wenn es nur als gemeinsame Decke für ein Picknick dient.

5.4.9 Mittags-Feedback-Runde

Um ca. 11.30 Uhr versammeln sich die Kinder mit ihren Erzieherinnen in ihrem Gruppenraum (bei schönem Wetter auch auf dem Außengelände) zum abschließenden Austausch. Der Tag wird reflektiert (manchmal werden Aktivitäten mithilfe von Smileys bewertet). Vorausschauend werden Wünsche und Bedürfnisse für den nächsten Tag besprochen, miteinander ein Abschiedslied gesungen und je nach Wunsch der Kinder und verbleibender Zeit oft auch noch ein Kreisspiel angeboten.

5.4.10 Besonderheiten, Rituale und Regeln

Die Kinder finden im Alltag der KiTa:

- Rituale (Gebete, Kerze anzünden…)
- Strukturen und Sicherheiten
- Möglichkeiten zum selbstständigen Entscheiden
- Raum für individuelle Aktivitäten
- Gelegenheiten für gemeinschaftsfördernde Aktionen und Zusammenarbeit mit anderen
- Gottesdienst: Alle 14 Tage findet donnerstags von 9.00 Uhr–9.45 Uhr ein Kindergottesdienst im Rahmen des Morgenkreises statt, zu dem die zuständige Pastorin der Gemeinde in die KiTa kommt. Hierbei werden die Kinder sowohl im rituellen Ablauf des Gottesdienstes (z.B. Anzünden der Kerze) als auch an Darstellung der Themen aktiv beteiligt.
- Geburtstag feiern: Hat ein Kind in der Vita Geburtstag, so folgt an diesem Tag der Tagesablauf einem ganz bestimmten, festen Ritual. Entscheidend dabei ist, dass das Geburtstagskind an diesem Tag besonders wichtig ist und z.B. Spiele oder Geschichten aussucht. Es entscheidet außerdem, welches Kind bei der Feier wofür zuständig ist, welche Rolle oder Aufgabe es übernehmen soll. Zu Beginn der Feier wird das Geburtstagskind (gekrönt mit einem Blüten- oder Papierkranz) von einem anderen Kind oder einer Erzieherin hinausbegleitet, während die anderen die Feier vorbereiten. Wenn das Kind wieder hereingeholt wird, gratulieren und singen die anderen und lassen das Kind hochleben. Das Geburtstagskind sitzt auf dem Geburtstagsstuhl, der von allen Kindern in einem Projekt gemeinsam herausgeputzt wurde (mit Farbe, Muggelsteinen, Mosaiksteinen, Stoffresten, Steinen …) und erzählt, wie es den Tag bis dahin verbracht hat. Anschließend darf es sich Lieder oder Spiele aussuchen oder Geschichten wünschen.
- Regeln: Im Allgemeinen werden Regeln gemeinsam mit den Kindern aufgestellt und bei Notwendigkeit mit den Kindern gemeinsam modifiziert. Ein Beispiel ist die Nutzung von Fahrzeugen auf dem Außengelände zur Abholzeit. Das Problem ergab sich durch jüngere Geschwister, die sich zu dieser Zeit ebenfalls auch schon auf dem Gelände aufhielten und in Gefahr gerieten. Die Erzieherinnen sprachen dieses Problem mit den Kindern an und baten um Lösungsvorschläge. Es entstand die neue Regel, mitgebrachte Fahrzeuge auf dem Außengelände nicht mehr zu benutzen. Die Kinder wurden an der Lösung beteiligt und halten sich nun auch diszipliniert daran.

5.5 Eine Auswahl an Materialien

In Beteiligungsprojekten haben sich beispielsweise Materialien bewährt wie:
– Pin Point-Moderationswände[1] aus Pappe
– Pin-Nadeln
– dicke Stifte
– verschiedenfarbige Moderationskarten
– Klebepunkte
– Muggelsteine
– Smileys
– Flatterband
– Wollknäuel
– Bausteine
– Polaroidkamera
– Diktiergeräte
– Kassettenrekorder
– Dünne Stifte
– Klemmbretter (DIN A4)
– DIN-A4-Papier

Selbst drei- bis siebenjährige Kinder waren aufgrund dieser Hilfsmittel in der Lage ihre Vorstellungen auszudrücken. Auch beim Einsatz anderer nicht verbaler Methoden (Modellbau von Innen- und Außenspielräumen, Einsatz von Modelltieren, Modellautos, Modellmenschen, Puppenstubenmöbel …) konnten Kinder ihr Wissen über (Spiel-)Orte breit und reichhaltig präsentieren, eine andere Perspektive bzw. eine andere Rolle einnehmen.

> Erkläre es mir und ich werde es vergessen
> Zeige es mir und ich werde mich erinnern
> Lass es mich selber tun und ich werde es verstehen
> *Konfuzius*

Hervorragend zum Modell bauen ist z.B. Knete. Nachfolgend zwei Rezepte zur Herstellung von Knete.

Rezept Knetmasse:
500g Mehl, 200g Salz und 2 Esslöffel Weinsäure mischen, ½ l kochendes Wasser, 2 ½ Esslöffel Öl und evtl. etwas Lebensmittelfarbe zugeben und mit den Händen kneten. Diese Masse wird relativ langsam hart. Sie ist ungiftig und hervorragend

---

1   Bezugsquelle PinPoint: Stange DESIGN oHG Ringbahnstrasse 16–20, 12099 Berlin

zum Modellbau geeignet. In einem verschließbaren Behälter ist sie im Kühlschrank einige Wochen haltbar.

Sandknete ist ein besonderes Fühlerlebnis (Remm, S. 2011). Auch sie kann gemeinsam mit den Kindern hergestellt werden. Benötigte Materialien sind: ca. 1,5 Tasse alte Speisestärke (evtl. ersetzen mit einem Teil Tapetenkleister), 1 Tasse Wasser, ca. 3–4 Tassen Sand (auch in unterschiedlicher Körnung und Farbe), Wachstischdecke oder Plastikfolie.

So wird`s gemacht: Die Zutaten werden in einem Topf gemischt. Die Masse wird unter Rühren langsam erwärmt, einmal aufgekocht und dann abgekühlt. Es entsteht eine dicke, matschige Konsistenz, die an der Luft trocknet und leicht zerbröselt. Es ist deshalb empfehlenswert einen Teil der Stärke durch Tapetenkleister zu ersetzen.

In Partizipationsprojekten haben sich beispielsweise folgende Hilfsmittel bewährt, um den Kindern, Jugendlichen, Erwachsenen das freie Sprechen in Gesprächskreisen zu erleichtern:
- Sprechstein
- Klangkugel
- Noppenball
- Handschmeichler aus Holz
- Walnuss
- Sandsack
- Lastenesel
- Kluge Ente

Jedes Kind kann so mit Unterstützung neben seiner Befindlichkeit Wünsche, Kritik o. ä. äußern. Das ist eine gute Übung zum aktiven Zuhören, sich zu trauen vor einer größeren Gruppe zu sprechen und zur sprachfördernden Kommunikation und Kooperation. Eines dieser o.a. Teile wandert im Kreis herum oder liegt in der Mitte und wird von demjenigen aufgenommen, der etwas zu sagen hat. Danach wird es wieder in die Mitte zurückgelegt oder einem anderen Kind gegeben, das es haben möchte, um das Wort zu ergreifen.

Zur Einführung einer Gesprächsrunde können auch drei bis fünf Muggelsteine an die Kinder in der Gruppe verteilt werden, die sich am Gespräch beteiligen möchten. Jeder, der dann einen Muggelstein in der Hand hat, weiß, er kommt dran, kann anderen in Ruhe zuhören und ist nach einer vorher verabredeten Reihenfolge (z.B. Uhrzeigersinn) an der Reihe drei bis fünf Mal etwas zum Gespräch beizutragen.

Besonders bewährt hat sich die Kluge Ente (s.o.) in Beteiligungsprojekten der Verfasserin (auch bei Jugendlichen und Erwachsenen). Sie ist ein Stofftier, das mit kleinen Steinchen gefüllt ist, die sich besonders angenehm anfühlen, wenn

Abb. 11: Gesprächskreis mit Einsatz der Klugen Ente (Dobrick, M. 2011)

man sie z.B. vorher eine Weile auf einen Heizkörper legt. Sie hilft Kindern nicht nur beim Lesen und Rechnen, sondern auch beim Reden. Mit der klugen Ente auf der Schulter (oder in der Hand) fühlt man sich nicht allein. Sie sieht zu, bestärkt oder tröstet, wenn man mal traurig ist. Sorgen können ihr bedenkenlos anvertraut werden.

5.6 Die Beteiligungsspirale

Die Beteiligungsspirale wird nachfolgend exemplarisch beschrieben, da sie sich in unzähligen Projekten der Verfasserin bewährt hat. Sie ist eine spezielle Problemlösungs- und Ideenfindungsstrategie. Stange, W. (1996) empfiehlt die Werkstattregeln konsequent und stringent einzuhalten, auch bei knapper Zeit. Die Werkstattregeln müssen nicht detailliert mit den Kindern besprochen werden, die Philosophie muss jedoch erlebbar sein und vom Moderator ganzheitlich vorgelebt werden.

Beispiel Beteiligungsspirale
I. Einstiegsphase / Vorlauf / Problem / Defizit
Die Kinder oder Erzieher entdecken eine Not-Wendigkeit, sie nehmen ein Problem wahr. Die defizitäre Sachlage wird durch ein Meinungsbild aufgedeckt

Abb. 12: Die Beteiligungsspirale (Stange, W. 1996, S. 7)

und somit gibt es erste Impulse für Veränderungen z.B. zur Umgestaltung oder Erweiterung des Außengeländes ihrer KiTa.

Die Ergebnisse werden aufgeschrieben, aufgemalt, fotografiert und anschließend auf einem großen Blatt Papier oder mithilfe eines Modellbaus visualisiert.

In der Kritikphase können die Kinder ihr Gelände auch begehen und die Stellen bzw. Geräte unter dem Motto: »Was stinkt mir am meisten?« oder »Was finde ich blöd?« kennzeichnen. Dazu legen sie z.B. Gegenstände auf die Erde, die sie tatsächlich blöd finden (z.B. Glasscherben, Zigarettenkippen oder Bonbonpapier). Anschließend wird gefragt: »Was schmeckt mir?« oder »Was finde ich cool?« Die Kinder legen dann Bonbons, kleine Kuscheltiere, Spielzeugautos, Wassereis (also für sie schöne Dinge) auf die Erde.

Die Geräte können aber auch markiert werden: Mit einem roten Punkt oder rotem Band wird das gekennzeichnet, was entfernt werden soll und mit Punkten oder Bändern in grüner Farbe, was sie behalten möchten.

Das Projektanliegen wird durch die oben beschriebenen Methoden analysiert und präzisiert. Mit dieser Methode sollen die tatsächlichen Bedürfnisse und Meinungen der Kinder herausgefunden werden. Hierbei geht es nicht darum, dass der Spielplatz mit ganz vielen Geräten möbliert wird, sondern dass Geräte angeschafft werden, die die Kinder tatsächlich auch haben wollen und demzufolge benutzen werden (Qualität geht vor Quantität). Dadurch ist die Wahrscheinlichkeit groß, dass pädagogisch hochwertiger und bei den Kindern beliebter Spielraum geschaffen wird.

Zielvorstellungen sind:

- sparsamer Umgang mit Geld bei Planung und Ausführung
- geringe Folgekosten durch hohe Nutzereffektivität
- schonender Umgang mit den Geräten und Materialien
- wenig Vandalismus
- hohe Verantwortlichkeit

Mit den Ergebnissen aus den obigen Kinderkonferenzen, Abstimmungen und Befragungen machen sich die Kinder (siehe Kapitel 4.8.3: Dem Entwicklungsstand des Kindes entsprechen) unterstützt von Eltern, Erzieherinnen, Lehrerinnen auf den Weg und versuchen, Verbündete zu gewinnen. Vor allem die plastischen Ergebnisse (Modellbau) ermöglichen Eltern / Erzieherinnen / Lehrerinnen / Architektinnen / Verwaltungsangestellten / Kaufleuten / Nachbarn / Vereinsvorsitzenden / Gemeinderatsmitgliedern … Kindersorgen auf- und wahrzunehmen und ihre Anliegen zu verstehen.

II. Zukunftswerkstatt
Es folgt eine fantasievolle Phase, die zum kreativen Spinnen ohne Grenzen und

Beschränkungen einlädt. In solch einer Brainstorming-Traumstunde werden jegliche Gedanken für Veränderungen zusammengetragen. In dieser Phase spielen Geld und Zeit keine Rolle; alles ist erst mal möglich.

Bei der Bestandsaufnahme können sich die Kinder als Spielplatz-Forscher (zu Fuß / Rad / Bus) auf den Weg machen, um mit Sofortbildkamera, Digitalkamera, Videokamera, Diktiergerät, Klemmbrett und Stift o.ä. alternative Möglichkeiten zu entdecken und zu erkunden. Darüber hinaus können auch Interviews mit Anwohnern (jüngere, ältere und gleichaltrige Kinder, Erwachsene) durchgeführt, Informationen beschafft und Interessantes auf anderen Spielplätzen bewusst wahrgenommen werden. Coole und blöde Spielorte können entdeckt, die Ergebnisse zusammengefasst und z.B. auf Moderationswänden oder an Litfaßsäulen für die Öffentlichkeit präsentiert werden.

Bei der Umsetzung gibt es weitere vielfältige Methoden. Einige davon werden nachfolgend beispielhaft aufgeführt:

- Rollenspiel: Mit einer Handpuppe (z.B. *Fridolin*) können Situationen, Präsentationen oder Verhandlungen durchgespielt werden.
- Mit rot-weißem Flatterband kann der Platz abgesteckt werden, damit die Kinder und Jugendlichen ein besseres räumliches Vorstellungsvermögen haben können.
- In Mal-Aktionen zur Leitfrage »Was können wir mit unseren Händen / Füßen machen?« können die Ergebnisse bildlich und symbolisch dargestellt und präsentiert werden.
- Modellbau: Ein Modell wird maßstabsgetreu gebaut oder modelliert, z.B. in einem Karton, oder auf einem Holzbrett. Es ist transportabel und vielfältig für Präsentationen an unterschiedlichen Orten einsetzbar.

III. Planungszirkel

An der Ausarbeitungs-, Auswahl- und Entscheidungsphase nehmen alle Beteiligten Kinder / Jugendliche, Erwachsene, Planer und politische Entscheidungsträger teil. Es handelt sich an dieser Stelle um die politisch-administrative Phase, in der informiert und präsentiert wird. Dabei bietet sich die Gelegenheit für öffentlichkeitswirksame Aktionen. Jetzt erfolgt auch die Kontaktaufnahme z.B. zu Behörden oder der Presse um zu informieren, Finanzmittel zu beantragen oder nach Spenden zu fragen.

IV. Realisierung

Eine Werkstatt mit Kindern und Jugendlichen, Lehrern, Eltern und interessierten Anliegern wird ins Leben gerufen (evtl. sind Handwerkskurse notwendig, z.B. unter Einbeziehung von Berufsschülern). Bei der Arbeit werden den Kindern echte Gerätschaften zugemutet (keine Plastikspaten). Grenzen wird es lediglich beim Umgang mit elektrischen Geräten geben (für Motorsägen ist unbedingt ein Motorsäge-Führerschein erforderlich). Die Verantwortung liegt immer bei der Erzieherin.

In der Arbeitsphase sollten ausreichend und erholsame Pausen gemacht werden. Einen gemeinsamen Abschluss haben sich alle Beteiligten die an den Vorbereitungen und am Bau beteiligt waren, letztendlich verdient, z.B. mit einem Spiel- und Grillfest zur Einweihung des neuen Spielplatzes.

V. Lösung/Nutzung
Auch nach Abschluss des Projektes kann es weitere Aktionen geben, z.B. Pflanzaktionen, Baumpatenschaften, Aufräumaktionen, Müllsammelaktionen, Pflegeaktionen oder Reparaturaktionen.

5.7 Die Planungszelle in der KiTa

Die Planungszelle (PZ), in den 70er Jahren in Wuppertal von Dienel, P.C. entwickelt, ist ein Politikbaustein, der jedem Bürger faire vis-à-vis-Situationen bietet und der in die bestehenden Entscheidungsabläufe problemlos einzubauen ist.

Die Arbeit mit einer Planungszelle ist auch in einer KiTa durchaus möglich. Zunächst wird eine Gruppe (25 Personen) im Zufallsverfahren gebildet. Ihr wird von kompetenten Experten nötiges Fachwissen vermittelt. Zentral ist danach die Kleingruppenarbeit (fünf Gruppen á fünf Personen), in der Lösungsvorschläge erarbeitet werden. Die Argumente und Ergebnisse werden anschließend im Plenum präsentiert. Die Kleingruppen tagen in wechselnden Zusammensetzungen, um die Dominanz von Meinungsführern zu verhindern. Der gruppendynamische Prozess wird vor Ort von Prozessbegleitern (pädagogische Fachkräfte) koordiniert, die zu strikter Neutralität verpflichtet sind. Das Verfahren wird mithilfe einer abschließenden Dokumentation transparent gemacht.

In der Planungszelle werden die mitgebrachten Eigeninteressen reduziert und rational sachliche Ergebnisse produziert. Die Beteiligten können sich in vier Tagen in einer komplexen Materie zurechtfinden und sich ein Fachwissen erarbeiten, das zu einem grundlegenden Urteil befähigt und volkswirtschaftlich eine Kosteneinsparung von möglicherweise erheblichem Umfang bedeutet.

Bewährt hat sich dieses Verfahren bei der Arbeit mit Eltern, Trägervertretern oder pädagogischen Mitarbeiterinnen.

6. Perspektive: Mit-Beteiligungs-KiTa

Das pädagogische Konzept einer Mit-Beteiligungs-KiTa (begriffliche Eigenkreation der Autorin) ruht wie ein stabiles Haus mit vielen Räumen zum Träumen auf einem soliden Fundament, dem humanistischen Menschenbild und seinen Grundannahmen über das Wesen und den Bedürfnissen des Menschen (vgl. Kapitel 3.2: Die kindlichen Bedürfnisse). Das Bild des Kindes als ein kreativer Gestalter seiner eigenen Entwicklung von Geburt an – in Beziehung zur Umwelt – ist die Basis dieses Konzeptes. Die Bausteine und einzelnen Etagen dieses Hauses bestehen aus den vielfältigen Möglichkeiten, Gelegenheiten, Projekten und lebenspraktischen Alltagssituationen, beispielsweise der Einrichtung eines Kinderrates, der gemeinsamen Gestaltung des Innen- und Außengeländes bzw. der Spielräume, Eltern bzw. Familienarbeit, Engagement der Erzieherin bzgl. der Aus- und Weiterbildung, einer positiven Öffentlichkeitsarbeit und Netzwerken (vgl. Abbildung 13).

Pädagogisches Konzept
Mit-Beteiligungs-KiTa

Kooperation und Vernetzung:
Einbeziehung ins Gemeinwesen
Beziehungsaufnahme zu Vereinen, interessanten Personen
Zusammenarbeit mit anderen Institutionen
Kontakt zu anderen KiTas
Produktive Vernetzung der Nachbarschaft
Vernetzung des Trägers mit dem Umfeld
Bereicherung durch kulturelle und soziale Unterschiede

Öffentlichkeitsarbeit:
Krea(k)tiv
Kinderbüro
Kinderberatungsstelle
KiTa-Radio
Presseberichte
Befragungen, Interviews
…
Elternarbeit:
Eltern mit ihren Ängsten Befürchtungen, Kompetenzen, Hoffnungen ernst nehmen
Schulterschluss zum Wohl des Kindes
Eltern als Experten WERT-Schätzen
gegenseitige Erfahrungen achten und im Dialog weiterentwickeln
Elternbildung
Elterninformationen
Wandzeitungen
Elternbeteiligung
Eltern Café, Analyse, Planung, Projektdurchführung
Elternnachmittage
Visualisierung
Hausbesuch
Aus- und Weiterbildung der Erzieherinnen:
verändertes Rollenverständnis
neue Handlungskompetenzen
Teamarbeit, Supervision nutzen
Kinderrechte kennenlernen und beachten
Studientage fürs Gesamtteam einplanen und durchführen
Konzeption weiter entwickeln
Offenheit für Neues

Situationsorientiert arbeiten
Perspektivwechsel zulassen und herausfordern
Projekte planen und durchführen:
unter echter Beteiligung von Kindern
Einbeziehung von Experten (Eltern, Senioren, Künstler, Handwerker ...)
Innen- und Außenraumgestaltung planen und ausführen
Neue Impulse zum Erforschen, Entdecken von / mit Kindern
Bewegungsbaustelle entwickeln
Einrichten eines Snoezelraums zum Entspannen
Papierhöhlenbau aus Seilen und Zeitungspapierendrollen
Kinderrat:
tägliches Ritual der Gruppe
in regelmäßigen Abständen für die gesamte KiTa
Regeln entwickeln, gestalten, verändern, erweitern oder fallen lassen
Patenschaften für neue Kinder (unbegrenzte Anzahl)
Wahl eines Kinderbürgermeisters
Neuanschaffungen, Neubau oder Umbaumaßnahmen
Spielplatzplanungen
Planung von Einkäufen, Frühstück, Festen, Ausflügen, Angeboten
Kameradschaftsgericht einrichten
Grundhaltung pädagogischer Fachkräfte- gleichzeitige Anforderungen an Teamarbeit und Leitung:
humanistisches Menschenbild
Bedürfnisse, Ziel- und Sinnorientierung
Beziehungsaspekt
Kommunikationsbereitschaft

Abb. 13: Schaubild Mit-Beteiligungs-KiTa

6.1 Grundhaltungen pädagogischer Fachkräfte

Die WERT-Schätzende Grundhaltung und Grundeinstellung der pädagogischen Fachkräfte, die in einem Beteiligungskindergarten mit und für Kinder vorbildhaft arbeiten, werden an dieser Stelle nicht mehr umfassend erläutert (vgl. dazu Kapitel 3: Die theoretische Basis der Partizipation).

Pädagogische Fachkräfte sollten Freude an der Beteiligung haben und bereit sein, sich einzufühlen, sich mit Kindern auf eine Augenhöhe zu begeben und Macht abzugeben. Kinder brauchen für ihre Bildungsprozesse keine allwissenden und allmächtigen Erwachsenen, die stets Rezepte parat haben und kein forschendes, eigenaktives Handeln zulassen.

> Wenn du ein Schiff bauen willst
> Dann trommle nicht Männer zusammen
> Um Holz zu beschaffen
> Aufgaben zu vergeben
> Und die Arbeit einzuteilen
> Sondern lehre die Männer
> Die Sehnsucht
> Nach dem weiten endlosen Meer
> *Antoine de Saint Exupéry*

In gemeinsamen Lernprozessen entstehen für Kinder und Erwachsene neue Erkenntnisse und die Bereitschaft, kontinuierlich neues, aktuelles Wissen aufzubauen und weiterzuentwickeln.

Ein Mitmachen der Kinder (bei den Angeboten, die von den Erwachsenen initiiert sind) bedeutet noch lange nicht, dass sie auch daran partizipieren (mitwirken, mitgestalten, mitbestimmen). Eine echte und demokratische Form der Beteiligung geht über das freundliche Zuhören und Aufgreifen der Kinderwünsche hinaus.

Erwachsene müssen bereit sein, sich darauf einzulassen, Kinder zu unterstützen und Beteiligung als demokratisches Recht und demokratische Pflicht zu verstehen – sodann verändert sich ihre Haltung und Rolle.

Kinder beobachten Erwachsene sehr genau und machen sich ihr eigenes Bild. Sie achten u.a. auch darauf, wie z.B. Konflikte, Probleme, Meinungsverschiedenheiten der Mitarbeiterinnen in KiTa-Teams untereinander ausgetragen, ausgehalten oder angesprochen werden. Ebenso bemerken sie, ob Absprachen eingehalten werden, Entscheidungen gemeinsam erarbeitet bzw. abgestimmt, ausgehandelt oder machtvoll umgesetzt werden.

Erzieherinnen müssen sich deshalb ihrer Vorbildrolle bewusst sein, sich gegenseitig unterstützen und WERT-Schätzende Umgangsform wahren. Die sensiblen Antennen der Kinder sollten nicht unterschätzt werden, wenn es um das Nach-Spüren eines Beteiligungsklimas geht.

Die Seele eines Kindes gleicht einem Seismographen.
Sie zeichnet feinste Schwingungen auf.
Schon ein Blick, ein Wort wirken oft lebenslang nach.
So …oder so …!

Hans-Herbert Dreiske

Eine Schlüsselrolle kommt der Leiterin zu. Sie fördert individuelle Unterschiede und Schwerpunkte, gibt Impulse, schafft organisatorische Möglichkeiten für Kommunikation und Kooperation und legt Wert auf transparente Informations- und Entscheidungsprozesse. Ihre Vorstellung von Demokratie wirkt nachhaltig auf den Stil des Hauses. Sie ist in der Lage Mitarbeiterinnen zu beteiligen, ihre Kompetenzen zu schätzen, sie zu fördern, stärken- und zielorientiert zu führen, ohne deren Eigeninitiative einzuschränken.

Alltagspartizipation braucht Erwachsene, die entschlossen sind:
- Kinder nicht zu beschämen
- die (Grund-)Bedürfnisse der Kinder zu beachten
- verlässliche Partner für die Kinder zu sein
- Kinder in ihrem Wert und in ihrer Selbstständigkeit zu schätzen
- etwas von ihrer Macht abzugeben
- sich mit Mut, unendlicher Geduld und Vertrauen neugierig auf offene Situationen, Versuche und Experimente einzulassen
- bei den Stärken der Kinder anzusetzen
- sich fehlerfreundlich zu *ferhalten*

Alltagspartizipation braucht aber auch Kinder, die Erwachsene achten.

6.2 Der Kinderrat

Beispiele für Abstimmungs-/Entscheidungsprozesse in der KiTa
- Der Kinderrat ist ein tägliches Ritual der Gruppe, bei dem Gedanken, Wünsche, Ideen und Konflikte der Kinder ernst genommen und mit ihnen gemeinsam Methoden, Instrumente und eine klare Struktur gesucht bzw. entwickelt werden, damit sie ihre Dinge selber regeln können (Korczak, J. 1967). Nachfolgend geht es z.B. konkret um die Abstimmung alltäglicher Bedürfnisse, z.B. beim Einkauf für das Frühstück oder bei der Auswahl von Angeboten:
- In einer Kinderratssitzung kann besprochen werden, ob für neue Kinder eine Patenschaft notwendig ist und wer diese mit welchen Aufgaben und wie lange übernimmt. Es geht darum, eine individuelle, passgenaue Verabredung zu treffen, bei der alle Kinder beteiligt und gefragt werden. Zusätzlich findet in

regelmäßigen Abständen für die gesamte KiTa eine Kinderratssitzung statt, in der Ämter und Regeln entwickelt, gestaltet, erweitert, abgeändert oder fallen gelassen werden.

- Beispielsweise kann ein Kinderbürgermeister gewählt werden, der als Ansprechpartner die Gruppe offiziell vertritt und das Vertrauen der Mehrzahl der Kinder besitzt. Wichtig ist, seine Aufgaben in Absprache mit den Kindern vorher festzulegen und die Wahl (z.B. mit Klebepunkten auf den entsprechenden Fotos von Kandidaten) durchzuführen.
- Wenn neues Material, Mobiliar oder Spielgeräte angeschafft werden sollen, präsentieren die Spielzeugvertreter ihre Angebote nicht mehr nur vor den Erzieherinnen, sondern auch vor der Kindergruppe. Jedes Kind erhält drei Klebepunkte, die es dann auf die Gegenstände klebt, die ihm lohnenswert erscheinen. Angeschafft wird letztlich, was die meisten Punkte erhalten hat.
- Neuer Tee fürs Frühstück wird gesucht. Jedes Kind erhält z.B. drei farbige Klebepunkte, die es an die Kanne kleben darf, in der Tee ist, der nach seiner Meinung am besten geschmeckt hat.
- Die Metaplan-Methode ist für Abstimmungen mit Vorschulkindern effektiv – sie können Handeln und brauchen keine wortreichen Begründungen abgeben. Die Möglichkeiten, die zur Abstimmung anstehen, (z.B. Kuchen der gemeinsam gebacken werden soll) werden auf Moderationskarten gemalt (oder mit der Digitalkamera fotografiert). Ihre Ergebnisse heften die Kinder mit Pin-Nadeln an eine Moderationswand und erläutern sie anschließend. Danach erhalten alle Kinder eine gleichgroße Zahl von Klebepunkten, die sie dann zu ihrer bevorzugten Moderationskarte kleben. Das Mehrheitsergebnis liegt sofort sichtbar für alle Beteiligten vor.
- Modellbaukästen, Puppenstuben und Schuhkartons bieten sich an, damit Kinder plastisch darstellen können, wie sie sich ihren zukünftigen Spielplatz oder ihren Gruppenraum vorstellen.
- Bei dem *Hammelsprung* wird (wie bei echten Politikern) bei einer Entscheidungssuche durch verschiedene Türen, die repräsentativ für eine Entscheidung stehen, gegangen oder die Kinder orientieren sich an einer Person (zu Petra stellen sich alle, die wie sie gern Kanu fahren wollen, und zu Noah gehen alle, die lieber Wasserproben ziehen wollen).

Janusz Korczaks Methoden zur Entscheidungsfindung mit Kindern erscheinen einigen Erziehern sicher revolutionär und provokativ. U.a. beteiligte er Kinder bei der Einstellung neuer Mitarbeiter. Sie stimmten z.B. über Erzieherinnen / Praktikantinnen ab, wenn diese drei Monate gearbeitet und sie sich gegenseitig im pädagogischen Alltag kennengelernt hatten. Die Kinder entschieden also über die Weiterbeschäftigung der Erwachsenen mit. Jedes Kind erhielt drei Karten, die mit einem Plus, einem Minus und mit einer Null gekennzeichnet waren. Die jeweilige Karte wurde in eine Holzkiste gesteckt und je nach Anzahl der Zeichen wurde sich für oder gegen eine Person entschieden. Ursprünglich führte Korczak diese Abstimmung für eine Beurteilung neu aufgenommener Kinder durch die Gruppe ein. Mit der Rückmeldung erhoffte er sich erzieherische Elemente. Er erhielt Infos über den Status der Kinder, die er in pädagogischen Planungen berücksichtigen konnte.

Eine weitere Besonderheit des Waisenhauses war das Kameradschaftsgericht. Der Nutzen eines »Kameradschaftsgerichtes« liegt darin, »… dass es friedfertig ist, dass es weder schlechte noch gute Laune hat, dass es niemanden gern mag, dass es sich in Ruhe Erklärungen anhört (Korczak, J. 1979, S. 233).« Korczak lehrte uns, dass die meisten Konflikte von Kindern eigenständig geregelt werden können. Sie sind durchaus in der Lage sich bereits mit (Un-)Rechten verantwortungsvoll auseinanderzusetzen. Es ist eine spannende Aufgabe, über ein Kindergericht im Team nachzudenken. Es kann mit Kindern eine Form entwickelt werden, die sie nicht überfordert (wenige, übersichtlich gestaltete Paragrafen). Den Kindern fällt sicher auch ein zeitgemäßer Name ein.

Für alle Methoden gilt, sie nicht kritiklos zu übernehmen und den Kindern überzustülpen, sondern sie stets konstruktiv kritisch zu prüfen und zu reflektieren, ob sie für die entsprechende Kindergruppe geeignet sind.

Diese Beispiele sollen zum Nachdenken und Ausprobieren anregen, aber auch Impulse geben für neue kreative Ideen, um sie dann situationsorientiert in den KiTa-Alltag zu integrieren.

6.3 Innen- und Außenraumgestaltung

Eine an- bzw. aufregende Raumgestaltung, die zum Erforschen, Entspannen, Erproben und zur erlebnisorientierten Bewegung einlädt, wird mit Kindern entwickelt und entdeckt.
Die folgenden notwendigen Materialien sollten dafür bereitstehen:
- Kartons
- Drainagerohre
- Treckerreifen
- Emporen
- Moderationswände
- Hängematten
- Säcke
- Tücher, Decken
- Bindfäden, Haken

- alte Elektrogeräte
- Werkzeug
- verschiedenfarbige Folien
- Wasser
- Spülmittel
- Tinte, Erdfarben
- Sand
- Holz
- Erde
- Blätter
- Zeitungspapierendrollen (Papierrestrollen gibt es bei Druckereien kostenlos)

Diese reichhaltige Liste mit Materialien wird unter Beteiligung der Kinder zusammengestellt und kann beliebig erweitert werden. Beliebt sind Materialen aus dem Baumarkt und Spenden von Eltern, aus Betrieben … In Reggio Emilia gibt es Lagerräume (Remida), ausgestattet mit Regalen und Metallkörben in denen kostenlose Baumaterialien oder Industrieabfälle übersichtlich gelagert werden. Die Kinder schieben mit einem Einkaufswagen durch die Hallen und *kaufen* nach Bedarf selbstständig ein. Aufgabe der Erzieherin ist es dabei, darauf zu achten, dass die Materialien übersichtlich und geordnet in kindgerechter Höhe präsentiert werden, um den Kindern das Einkaufen zu erleichtern.

Eine Fülle kreativer Ideen für kindgerechte Innen- und Außenspielräume, die niemals fertig sind und Kindern (und auch Erwachsenen) Raum zur fortlaufenden Veränderung lassen, sind z. B. zu finden im Buch *Das Paradies ist nicht möbliert* (Lange, U. / Stadelmann, T. 1999). In dem Buch dieser Autoren bzw. in ihrer pädagogischen Ideenwerkstatt Bagage in Freiburg entwickeln sie laufend mit und für die Kursteilnehmerinnen neue, außergewöhnliche Gestaltungsvorschläge.

6.4 Projektideen zur Partizipation im Kindergarten

Der Projektbegriff leitet sich von dem lateinischen Verb *proicere* ab, das bedeutet so viel wie *vorauswerfen* oder auch *entwerfen*. Das ist ein deutlicher Hinweis auf ein *Spezifikum* komplexer Handlungsstrukturen in Projekten und erklärt die Zweiphasigkeit. Vor dem eigentlichen Projektbeginn muss immer eine gedankliche Planung stattfinden. »Die Projektmethode gehört zu den am meisten diskutierten Methoden des Unterrichts […] aller Reformbewegungen der Gegenwart.« Sie fördert den praktischen und demokratischen Unterricht und führt neue Lernkulturen ein. Knauf (2004, S. 110) spricht mit Bezug auf den Reformpädagogen und US-Amerikaner William H. Kilpatrick (1918) davon, dass ein Projekt

»ein herzhaftes, absichtsvolles Tun« ist. Die Bedeutsamkeit von Projekten wird unter Bezug auf John Dewey (1938) verstärkt. Bei ihm findet der Begriff der denkenden Erfahrung Beachtung. Kinder, Erzieherinnen und Eltern setzen sich in Projekten theoretisch und praktisch aktiv mit der Umwelt auseinander. Das Kind, aber auch die Erwachsenen sind Lehrende und Lernende zugleich. Sie gewinnen Erkenntnisse über die jeweiligen Projektergebnisse, wirken durch sie, aber wiederum auch auf die Umwelt ein. Der Erfahrungsaufbau von Kindern ist nach Dewey in hohem Maß geprägt durch die Selektivität ihrer Interessen und ihrer emotionalen Beteiligung.

Spezielle Bedürfnisse oder Problemlagen von Kindern oder Erzieherinnen sowie besondere Anlässe und Herausforderungen erfordern oftmals das Arbeiten in Projekten. Themen und Inhalte werden daraufhin mit den Kindern demokratisch abgestimmt und entwickelt.

Nach Huppertz (2003) geht es in der Projektarbeit um das Erleben von besonderen Situationen und erfahrungsbezogenem Lernen mit einem Theorie- aber auch Realitäts- und Handlungsbezug. Einbezogen werden Aspekte z.B. aus der Mutterschul von Comenius, den Curricula sowie alle Bildungs-/Lern-/Entwicklungsbereiche (Krenz, A. 2003).

Jedes Projekt hat ein Thema (sowie eine konkrete Zielsetzung), das von Kindern, ebenso aber auch von Erwachsenen, vorgeschlagen werden kann.

Konkrete Projektzielsetzungen können sein:
- *handfeste* Produkte
- geistige Resultate
- Vielfältigkeit, d.h. alle Lern-und Bildungsbereiche integrierend
- themenzentriertes Arbeiten (in Balance mit dem Ich-Wir-Globe)

Rahmenbedingungen der Projekte:
- Keine zeitliche Begrenzung: Eine zeitliche Begrenzung gestaltet sich oftmals als schwierig, weil Projekte gruppendynamische Prozesse enthalten. Die Projektbeteiligten sollten logischerweise bis zum Projektende, das aber eine gewisse Offenheit haben kann, dabei bleiben.
- Personenvielfalt: Aufgrund der Vielschichtigkeit der Projekte kann es notwendig sein, Personen als Experten hinzuzuziehen, die den Kindern beratend zur Seite stehen, das können z.B. Architekten, Landschaftsgärtner, Umwelterzieher, Ernährungsberater oder Künstler sein.
- Präsentation und Resonanz: Das Ergebnis bzw. die Ergebnisse können von den Kindern durch Zeitungsberichte, Fotokollagen oder durch eine Modellausstellung auf dem Marktplatz oder im Fußgängertunnel der Öffentlichkeit oder anderen Kindergartengruppen präsentiert werden.
- Motivation: Motivierend für das Planen neuer Projekte sind eine positive

Resonanz, Rückfragen und weitere Anfragen an die Kinder als Experten und Berater.

– Kosten und Finanzierung: Viele Projekte hängen zwar vom Geld ab, aber durch eine überzeugende Vorarbeit, bei der durchaus auch Kinder beteiligt werden können, sind Politiker, Eltern und Sponsoren oft zur Mitbeteiligung bzw. finanziellen Unterstützung zu gewinnen.

– Fördermittel: In Deutschland gibt es Bürgerstiftungen, Rotary Clubs, Lady Circles oder Gemeinschaftsaktionen einzelner Bundesländer z.B.: »Niedersachsen – ein Land für Kinder« (Niedersächsisches Ministerium für Soziales, Frauen, Familie und Gesundheit, 2004) und entsprechende Fördermittel für Beteiligungsaktionen. Damit die Fördergelder fließen, müssen vorgeschriebene Termine unbedingt eingehalten werden.

– Ökonomie: Kinderfreundliche Partizipations-Projekte können aus ökonomischen Gründen sinnvolle Auswirkungen haben. Exemplarisch und stellvertretend für viele andere Modelle belegt beispielhaft Dieter Tiemann (in Stange 1996, S. 13), dass z.B. die Zahl der Verkehrsunfälle an den Stellen um 80% zurückgegangen ist, wo Kinder und Jugendliche an der Umgestaltung ihrer Schulwege beteiligt waren. Die Hilfe der Kinder als Experten beim kinderfreundlichen Umbau unserer Städte und Gemeinden z.B. beim Spielplatzbau bietet sich an, da Kindern oft preiswertere Alternativen einfallen als den erwachsenen Fachleuten; Vandalismus geht zurück und es entsteht ein höherer Nutzereffekt durch die Beteiligungsaktivitäten.

– Zusammenarbeit und Erfolg: Alle Beteiligten lernen ganzheitlich durch eigene Erfahrungen und persönliches Erleben auf der sachlichen, sozialen, kognitiven und emotionalen Ebene. Sie entwickeln aber auch sogenannte Schlüsselqualifikationen wie Teamarbeit, gemeinsame Problem- / Konfliktlösungen, Frustrationstoleranz, Resilienz etc.

6.5 Aus- und Weiterbildung der Erzieherinnen

Ein weiterer nicht unwesentlicher Baustein ist die Sensibilisierung von Erzieherinnen in der Aus- und Weiterbildung. Kinder brauchen Erzieherinnen, die nicht nur eine hohe Fachkompetenz besitzen, sondern auch authentische Vorbilder sind. Sie sollten bereit sind, sich beständig weiterzuentwickeln statt *ausgebildet* zu sein. Fortbildung ist bei der schnellen Entwicklung im Elementarbereich im Sinne des lebenslangen Lernens unerlässlich. Ziel ist dabei, die pädagogischen Fachkräfte an den allgemeinen pädagogischen Standards laufend anzupassen und sie darüber hinaus für die vielfältigen und neuen Aufgaben zu qualifizieren.

Politisches Ziel ist es derzeit, die Aus- und Weiterbildung der Erzieherinnen und der Lehrerinnen zumindest streckenweise zusammenzulegen (die besten Lehrer für die Jüngsten), um eine Kooperation auf einer Augenhöhe zu erleichtern. Internationalen Standards entsprechend soll daher auch die Ausbildung von Erzieherinnen auf Hochschulniveau gehoben werden. Vorreiter ist hierbei die Universität Bremen mit einem Aufbaustudium *Frühkindliche Bildung* als eine Antwort auf die neuen Herausforderungen für Lehrerinnen und Erzieherinnen. Das Berufsbild wird dadurch behutsam umstrukturiert und der Beruf der Erzieherin erfährt eine höhere WERT-Schätzung.

6.6 Fachberatung

Bildung und (Fach-)Beratung sind entscheidende präventive Momente, die sich gegenseitig bestimmen und ergänzen. Durch frühzeitige Intervention kann Effektivität und Effizienz erwartet werden. Alltagsprobleme und Fallbeispiele im System KiTa können vertiefend bearbeitet, offene Fragen reflektiert und Ergebnisse integriert werden. Themenwünsche sollten selbstverständlich mit allen Beteiligten (Leiterinnen und pädagogischen Fachkräften im Gruppendienst) gesammelt und demokratisch abgestimmt werden.

6.7 Elternarbeit

Ein demokratisches Arbeiten bezieht nicht nur Kinder, sondern selbstverständlich auch die Eltern (bzw. die Familie) partnerschaftlich und individuell mit ein. Mit dem Begriff Familie (z. B. Klassiker: Vater – Mutter – Kind; Einelternfamilie; Großfamilie mit Tante, Onkel, Großeltern; Patchwork Familie mit Vater – Mutter – Kinder aus unterschiedlichen Beziehungen…) muss den jeweiligen und individuellen Unterschieden Rechnung getragen werden, auf die an dieser Stelle nicht einzeln eingegangen werden soll.

Die jeweilige Lebenssituation der Eltern, ihre Möglichkeiten, Ängste und Befürchtungen sowie ihre Hoffnungen sollten nicht als laienhaft und pädagogisch aufklärungsbedürftig begriffen werden, sondern als reale Erfahrungen, die das Leben und die Entwicklungsumstände ihres Kindes entscheidend prägen. Sie werden dadurch als Diskussionspartner anerkannt und ernst genommen. Eltern bringen in die Gespräche ihre Beobachtungen, Deutungen und Erfahrungen aus dem Familienalltag ein und sind dadurch Experten für ihr Kind.

Für die pädagogischen Fachkräfte ist es notwendig Kenntnisse über die häuslichen Lebensverhältnisse des einzelnen Kindes zu haben. Nachbarn, Geschwister, Großeltern bestimmen ihre Entwicklung auch neben den Eltern und der KiTa mit.

Ein kontinuierlicher Kontakt und Austausch sind ebenso wichtig wie das Einbinden in Entscheidungen, die die Arbeit im Kindergarten oder die weitere Entwicklung ihrer Kinder betreffen. Eltern haben ein Recht darauf im Kindergarten in wesentlichen Angelegenheiten, zum Wohl ihres Kindes, demokratisch beteiligt zu werden.

Entsprechende Aspekte haben Eingang in viele Konzeptionen und in das Kinder- und Jugendhilfegesetz (1990 §22 Abs. 3) gefunden:

Bei der Wahrnehmung ihrer Aufgaben sollen die in den Einrichtungen tätigen Fachkräfte und anderen Mitarbeiter mit den Erziehungsberechtigten zum Wohl der Kinder zusammenarbeiten. Die Erziehungsberechtigten sind an den Entscheidungen in wesentlichen Angelegenheiten der Tageseinrichtung zu beteiligen.

Die Beteiligung von Eltern erscheint Erzieherinnen auf den ersten Blick nicht ganz einfach, weil die Ansprüche / die Erwartungen der Eltern an den Kindergarten unterschiedlich, manchmal sogar widersprüchlich sind. Einige Eltern stellen sich unter einer KiTa eine Vorschule vor, in der Kinder lernen still zu sitzen. Sie sollen frühzeitig z.B. Englisch, Rechnen und erstes Schreiben lernen. Andere Eltern sind erfreut über eine Entschleunigung. Sie wünschen sich möglichst wenig Programme, eine für die Kinder und ihre jeweiligen Bedürfnisse freie Zeiteinteilung und viele Gelegenheiten zum freien Spielen im Innen- und Außenbereich. Hierbei dürfen sich die Kinder ruhig schmutzig machen. Andere Eltern möchten ihre Kinder mittags so sauber abholen, wie sie sie am Vormittag abgegeben haben. Widersprüchliche Erwartungen sollten in gemeinsamen Gesprächen aufgearbeitet werden. Die Ansprüche der Eltern sollten sich allerdings mit dem pädagogischen Konzept der Einrichtung decken. Elternbeteiligung ist bei der Konzeptionsentwicklung wichtig, um solchen Konflikten entgegenzuwirken und einen Konsens zu finden. Elternbeteiligung ist auch bei den Entwicklungs-Beobachtungen ihres eigenen Kindes förderlich und sinnvoll.

Transparenz, wechselseitige Informationen und das Kennenlernen der jeweiligen individuellen Lebenssituation sind notwendig, um die im KJHG geforderte Erziehungspartnerschaft und Mitbeteiligung zwischen KiTa und Eltern mit Leben zu füllen.

WERT-Schätzung und Vertrauen sind die Voraussetzung dafür, dass Eltern Verantwortung übernehmen, zu Gesprächen bereit sind und die KiTa in den verschiedenen Angelegenheiten unterstützen.

Ein Beispiel für Beteiligung der Eltern als Experten: In einer KiTa hat ein Vater (Erziehungswissenschaftler) das KiTa-Team ein halbes Jahr lang produktiv an Mittwochnachmittagen bei der Konzeptionsentwicklung begleitet. Ein zweites Beispiel ist eine Mutter (Biologin), die mit den Erzieherinnen gemeinsam das Thema Umwelt ausgearbeitet und vorbereitet hat, um anschließend mit den Kindern im Labor Wasserproben zu untersuchen.

Zur Elternarbeit gehören auch manchmal Konflikte und Meinungsverschiedenheiten, die nicht vermieden, sondern als Chance und Motor genutzt werden sollten, auf der Suche nach neuen Lösungswegen. Es entwickeln sich dadurch demokratische Strukturen in der KiTa, in der Erwachsene vorbildhaft den Kindern zeigen, wie unterschiedliche Interessen und Positionen ausgehandelt werden können. Das schafft den Kindern ein Vorbild für Zusammenleben und Zusammenwirken in einer demokratischen Gemeinschaft.

Erzieherinnen haben die Rolle, Eltern zur Begegnung und zur Partizipation einzuladen. Sie übernehmen in der partnerschaftlichen Verständigung den professionellen und aktiv handelnden Part (vgl. Berliner Bildungsprogramm 2004, S. 112).

Folgende Bausteine zur Implementierung demokratischer Elternarbeit haben sich bewährt. Es handelt sich um Beispiele, die selbstverständlich beliebig veränder- und erweiterbar sind:

- Elternabende zur behutsamen Einstimmung in das Thema »Partizipation – eine Not-wendigkeit in der KiTa«: Alle Eltern erhalten je drei Moderationskarten in gelb und rot, sowie einen dicken dunklen Filzstift. Sie werden gebeten, in kurzen Stichworten auf die gelben Karten zu schreiben, wo sie sich als Kind besonders geachtet gefühlt haben. Auf die roten Karten sollen sie schreiben, wo sie sich als Kind besonders missachtet gefühlt haben. Anschließend werden die Karten eingesammelt und nach Farben sortiert an eine Pinnwand geheftet. Gemeinsam werden die Karten betrachtet, erläutert und diskutiert. Die Erzieherinnen übernehmen die Moderation. Den Eltern wird aufgezeigt, dass manche der alten Erziehungsmethoden bis heute nachhaltig wirken und nicht mehr angewandt werden sollten, um ihre Kinder zu mündigen und selbstbewussten Bürgern sowie geraden, klaren Menschen zu erziehen (Wegener 1979).
- Kurze Filmreportagen über den Tagesablauf der KiTa:. Empfehlenswert sind nachfolgende Filmdokumentationen, die Beispiele und Bilder gesammelt haben um Eltern zu zeigen, dass z.B. Lust und Leistung kein Widerspruch sind. Es kommt auf den Anfang an, vor allem darauf Kinder nicht zu beschämen, ihre Selbstständigkeit zu schätzen und die Lehrer und Erzieher zu achten: *Spitze! Schulen am Wendekreis der Pädagogik* (Reinhard Kahl 2002); *Lob des Fehlers* (Reinhard Kahl 1993) oder *Die Kinderstube der Demokratie. Partizipation in Kindertagesstätten* (Rüdiger Hansen 2002).
- Eine Fotoausstellung (mit leicht verständlichen Kommentaren über das jeweils Gelernte), eine Diashow über typische Beteiligungsaktionen im Alltag oder der Videofilm *Planen mit Phantasie. Zukunftswerkstatt und Planungszirkel für Kinder* (Waldemar Stange 1996), verdeutlicht den Eltern, wie Demokratie in der KiTa gelernt und welche Bildungsaspekte und Kompetenzen erworben werden können.
- Eine Bilderbuchbetrachtung, z.B.: *Wenn die Ziege schwimmen lernt*, (Moost, N. und Kunstreich, P. 1995), zeigt mithilfe von Tiermetaphern die Individualität der Unterschiede auf. Aus diesem Gleichnis ergibt sich die Notwendigkeit bei

den Stärken des jeweiligen Kindes anzusetzen, statt Kinder immer wieder zu entmutigen. Sie ist geeignet als Einleitung auf Elternabenden aber auch zur Weiterbildung von überehrgeizigen Erzieherinnen, Lehrerinnen und Eltern.

– Ein Grundlagenreferat der pädagogischen Fachkräfte oder externer Referenten über Kinder-Rechte, WERT-Schätzung, Konsequenzen, Grenzen und Wurzeln, die notwendig sind, damit die Kinder irgendwann Flügel bekommen um selbstständig loszufliegen.

Eure Kinder …
Eure Kinder sind nicht eure Kinder.
Sie sind die Söhne und Töchter der Sehnsucht des Lebens nach sich selber.
Sie kommen durch Euch, aber nicht von euch,
und obwohl sie mit euch sind, gehören sie euch doch nicht.
Ihr dürft ihnen eure Liebe geben,
aber nicht eure Gedanken, denn sie haben ihre eigenen Gedanken.
Ihr dürft ihren Körpern ein Haus geben, aber nicht ihren Seelen,
denn ihre Seelen wohnen im Haus von morgen, das ihr nicht besuchen könnt,
nicht einmal in euren Träumen.
Ihr dürft euch bemühen, wie sie zu sein,
aber versucht nicht, sie euch ähnlich zu machen.
Denn das Leben läuft nicht rückwärts noch verweilt es im Gestern.
Ihr seid die Bogen, von denen eure Kinder als lebende Pfeile ausgeschickt werden.
Der Schütze sieht das Ziel, auf dem Pfad der Unendlichkeit
Und Er spannt euch mit Seiner Macht, damit seine Pfeile schnell und weit fliegen.
Lasst eure Bogen von der Hand des Schützen auf Freude gerichtet sein.
Denn so wie er den Pfeil liebt, der fliegt, so liebt er auch den Bogen, der fest ist.

Khalil Gibran

Elternarbeit soll nicht als Last, sondern als Chance begriffen und als integraler Teil der pädagogischen Konzeption einer KiTa gesehen (vgl. Kapitel 4.8.2: Das Kind ganzheitlich sehen) werden.

Die Zusammenarbeit bringt Entlastung für die Erzieherin. Die Eltern können sie im Alltagsgeschehen mit ihren jeweiligen speziellen Kompetenzen, z.B. bei der Konzeptionsentwicklung oder der Planung, Organisation und Durchführung von Projekten, entlasten. Eine Kooperation trägt dazu bei, dass sich Eltern mit ihrem Kindergarten identifizieren. Sie schafft Gelegenheiten zum besseren Kennenlernen und den Aufbau gegenseitigen Vertrauens. Ein großes Ziel und Nebeneffekt der Einbeziehung der Eltern soll sein, dass Beteiligungsaspekte auch im häuslichen Umfeld besser berücksichtigt werden.

Dem Kindergarten erwachsen bei diesen vielfältigen Formen der Elternarbeit neue Möglichkeiten, sich zu einem Ort zu entwickeln, an dem Familien sich begegnen, sich beteiligen, Kontakte, Netzwerke knüpfen, miteinander ins

Gespräch kommen, beraten werden und den Eltern geholfen werden kann. Sie können auch eine Plattform für sozial- und kommunalpolitische Arbeit oder Nachbarschaftshilfe werden. Im Sinne einer verbesserten Kooperation mit Eltern und dem Gemeinwesen können die Räume der KiTa als kleines Kulturzentrum (Steiner in Fthenakis, W. / Textor, M. 2000), oder Early Excellence Center (nach englischem Vorbild) für vielfältige Veranstaltungen zur Verfügung gestellt werden.

Wenn KiTas sich auf den Weg machen, von der Elternarbeit weg und hin zur Kundenpflege (Jansen, F. / Wenzel, P. 2000), kann sich ein kooperativer Umgang miteinander entwickeln. Die aktuellen, situationsgerechten Themen gehen dann, idealerweise abgestimmt mit den Eltern, über den klassischen Informations-Elternabend hinaus:

- Was koche ich heute?
- Wie erkläre ich den Kindern, welche Lebensmittel sie unbedenklich essen können?
- Welche Vorsichtsmaßnahmen kann ich treffen, damit ich gesund bleibe?
- Was muss ich tun, wenn mein Kurantrag abgelehnt wird?
- Wie stelle ich einen Antrag auf Arbeitslosenhilfe?
- Wo erhalte ich einen Zuschuss zu Kindergartengebühren?
- Wo bekomme ich Bildungsgutscheine?
- Welche Leistungen werden mir erstattet?
- Welche finanzielle Unterstützung können wir erwarten, wenn mein Kind in Randzeiten von einer Tagesmutter oder den Großeltern betreut wird?
- Burn-out – wie trotze ich dem Stress?
- …

Auf jeden Fall sollen Eltern ganzheitlich ernst genommen und ihre individuellen Fragen, Bedürfnisse, Sorgen beachtet und sie in ihrer Individualität WERT-geschätzt(vgl. Kapitel 4.8.1: WERT-Schätzung) werden.

Vielfältige krea(k)tive und lebendige Lehr- und Lernmethoden (Klippert, H. 1994) können auch in der Elternarbeit genutzt und eingesetzt werden. Mit der Meta-Plan Methode oder Mindmapping / Brainstorming (Buzan, T. / Buzan, B. 1997) entstehen in den meisten Fällen schnell und effizient bessere Ideen und eine fundiertere schnelle Entscheidungsfindung. Gut sichtbar im Flur angebrachte Wandplakate laden Eltern ein, ihre Ideen hinzuzufügen und sich zu beteiligen. Egal ob es um Ideen für Feste, Projekte oder die Konzeption geht.

Zusammenfassend lassen sich sechs Erfolg versprechende Punkte für die Elternarbeit festhalten:

1. *Den Anfang machen*: Sich als Erzieherin zutrauen die Initiative zu ergreifen und z.B. unter Beteiligung der Eltern eine Jahresplanung und Terminabsprachen initiieren und begleiten.

2. *Gutes Zeitmanagement*: Zeitnah Informationen weitergeben, denn ohne Kenntnis kann kein Verständnis erwartet werden. Tür- und Angelgespräche sollten kurz gehalten werden. Besser Hausbesuche oder ungestörte Gesprächszeiten in der KiTa vereinbaren.

3. *Sinnvolle Formen und Methoden*: Angepasst an die Bedürfnisse, Umfeld Bedingungen und Verhaltensvermögen der jeweiligen Elternschaft sind Formen und Methoden auszuwählen und anzuwenden. Handlungsbezogene, krea(k)tive und integrierende Formen haben Vorrang vor belehrenden.

4. *Umfragen durchführen*: Hierbei die Kinder nicht vergessen – man kann z.B. erfragen, wie das Mittagessen geschmeckt hat. Geht es dagegen um gesunde Aspekte oder finanzielle Angelegenheiten, sind die Eltern zu fragen. Bei den Umfragen sind auf jeden Fall auch die unterschiedlichen multikulturellen und sozialen Hintergründe der Eltern zu beachten. Es macht Sinn lebensbezogene, situationsorientierte und notwendige Angebote zu initiieren. Die Wahrscheinlichkeit einer Akzeptanz und Nutzung ist dann auch bei bildungsfernen Eltern groß. Bei Eltern mit geringen Deutschkenntnissen ist es hilfreich die Umfrage mündlich durchzuführen oder die Texte vorher z.B. durch Kulturdolmetscher übersetzen zu lassen.

5. *Rückmeldungen einholen*: Rückmeldungen einholen, indem z.B. am Ende des Elternabends in Form von einem Freudenturm und einer Klagemauer den Eindrücken Ausdruck gegeben werden kann. Eine andere Feedback Methode wäre symbolisch mit einem Koffer (was nehme ich mit) und einem Schrank (was lasse ich hier) zu arbeiten. Eltern werden dadurch ernsthaft beteiligt und die Ergebnisse können Grundlage für weitere Planungen und gemeinsame Aktivitäten sein.

6. *Nachhaltigkeit*: Sie ist schwer überprüfbar, aber erkennbar an der Resonanz der Eltern. Erzieherinnen und Eltern können in gelungener Kooperation und Kommunikation gemeinsam dazu beitragen, dass nicht nur ihre Kinder selbstständig und gemeinschaftsfähig werden – sie lernen sich besser kennen, kommunizieren auf Augenhöhe und können sich durch gemeinsames Tun besser verstehen und unterstützen. Das motiviert Eltern sich an den Aktivitäten der KiTa weiterhin zu beteiligen.

6.8 Öffentlichkeitsarbeit

Öffentlichkeitsarbeit ist ein weiterer Baustein des Hauses, der nicht fehlen sollte.

Tue Gutes und rede darüber
Walter Fischer

Dieses Zitat soll Erzieherinnen ermutigen, laut und deutlich das eigene Profil der jeweiligen KiTa zu vertreten. Ziele und Arbeitsweisen sollen publiziert werden, was gleichzeitig eine Chance bietet, den Stellenwert frühkindlicher Erziehung mit ansprechenden Flyern, Internetauftritten oder einem Film professionell zu dokumentieren. Eine Vortragsreihe, Stadtteilfeste, Fotocollagen, Modell- oder Gemäldeausstellungen der Kinder in öffentlichen Gebäuden tragen zur Imagepflege bei. KiTas werden immer noch nicht ernst genommen und ihr Stellenwert als Elementarstufe im Bildungssystem der Bundesrepublik Deutschland wird zwar politisch immer wieder erwähnt, aber tatsächlich verkannt und wenig wertgeschätzt. Deutlich wird dies u.a. dadurch, dass Eltern für das Bildungsangebot in Kindertagesstätten ihren Beitrag bezahlen müssen, Bildungsangebote in der Schule dagegen kostenlos zur Verfügung stehen. An dieser Stelle ist ein Umdenken erforderlich. Es besteht eine dringende Notwendigkeit, öffentlichkeitswirksamer aufzutreten und nachdrückliche Präsenz in der Bildungslandschaft zu zeigen. Nachfolgend einige Ideen dazu.

Beispiel: Die Kinderzeitung
Die Kinderzeitung (vgl. Lifton 1988, S. 303f.) ist ein demokratisches Forum und für eine Erzieherin ein ausgezeichnetes Regulativ für ihre Worte und Taten, um das Kind und sich selbst zu verstehen.

Sie ist eine lebendige Chronik ihrer Arbeit, ihrer Bemühungen, ihrer Fehler und Schwierigkeiten. Sie ist eine Legitimation seiner Fähigkeiten, ein Zeugnis für sein Tun, eine Abwehr gegen mögliche Vorwürfe. Die Zeitung ist ein dokumentarisches Beweismittel von unschätzbarem Wert.

Zeitungen von Kindern können auch schon in der KiTa einen Teil der Dokumentation des täglichen gemeinsamen Lebens ersetzen. Das ist authentischer als Berichte oder Aktenvermerke. Sie bieten ein demokratisches Forum der Auseinandersetzung, wozu heute auch andere Medien wie z.B. Radio (z.B.: KiTa-Radio Okerwelle), Dokumentationen auf Kassettenrekordern, Diktiergeräten, Videokameras, Digitalkameras, Laptops oder eine Internetpräsenz durch Homepages genutzt werden können.

6.9 Kooperation und Vernetzung mit Trägern und Gemeinwesen

Die Kindertagesstätte erfüllt als erste Stufe des Bildungswesens außerhalb der Familie eine wichtige Funktion als Förderer und Beschützer. Dem Kind und seiner Familie bietet sie in Krisenzeiten einen positiven Entwicklungsrahmen und gewährt Unterstützung, um Herausforderungen jetzt und im späteren Leben produktiv zu verarbeiten.

Im KJHG wird jedem Kind ab dem dritten Lebensjahr ein Kindergartenplatz zugesichert (Rechtsanspruch). Das SGB VIII verpflichtet den öffentlichen Jugendhilfeträger quantitativ ausreichende Kindergartenplätze vorzuhalten.

In Deutschland gibt es vielfältige und unterschiedliche Träger von KiTas. Die Trägerqualität wurde in einem Teilprojekt der Nationalen Qualitätsinitiative untersucht und in einer entsprechenden Zusammenfassung wurden Einschätzungsskalen und Anregungen entwickelt (Fthenakis, W. 2003). Die Untersuchungen ergaben z.B., dass Erzieherinnen, die wenig Möglichkeiten und Gelegenheiten haben, über die Rahmenbedingungen ihrer pädagogischen Betreuungs-, Bildungs-, und Erziehungsarbeit mitzuentscheiden, es schwerer haben demokratische Strukturen, Selbstbestimmung und Zusammenarbeit weiterzuvermitteln.[1] Von daher erscheint es wichtig, die strukturellen Kommunikations- und Kooperationsformen zu verbessern, damit das Zusammenspiel zwischen der KiTa und dem Träger konfliktfrei funktionieren kann.

Auch hier geht es wie bei den vorangegangenen Forderungen nicht um Idealzustände, sondern um eine fehlerfreundliche Kultur und darum sich gemeinsam auf den Weg zu machen, um nach demokratischen Lösungen für die vielfältig anstehenden Aufgaben im Rahmen von Verwaltung, Aufsicht, Beratung und KiTa-Praxis zu suchen und Ressourcen zu koordinieren.

Hilfreich sind hierbei Verfahren zum Qualitätsmanagement oder zur Personal- und Organisationsentwicklung, um sich selbst in seiner Qualität besser einschätzen zu können und Anregungen für Qualitätsverbesserungen zu erhalten.

Zusätzlich zum quantitativen Angebot ist ein bedarfsgerechtes, qualitativ hochwertiges Bildungsangebot notwendig, mit ressourcenorientierten Ansätzen, die auf die Stärkung der kindlichen Kompetenzen ausgerichtet sind und Demokratie als Recht und Pflicht ansehen.

Diese elementarpädagogischen Interventionen sind über die KiTa hinaus auch in anderen Lebenssituationen anwendbar und eröffnen neue Möglichkeiten der Kooperation und Zusammenarbeit mit dem Gemeinwesen z.B. zwischen institutioneller (KiTa, Schule, Jugendhilfe, Medien, Kommunen …) und familialer Kindererziehung und Betreuung aus dem Blickwinkel unterschiedlicher Kulturen.

---

1   Vgl. Berliner Bildungsprogramm (2004) mit Bezug auf den KiTa-Entwicklungsplan West (1974)

Die gesellschaftspolitische Verantwortung und Bedeutung der Elementarpädagogik wird somit nicht nur im institutionellen Rahmen belassen, sondern vielmehr als Anwalt des Kindeswohls begriffen.

Abb. 14: Orte und Handlungsfelder von Alltagspartizipation

Für eine demokratisch arbeitende Einrichtung ist es unumgänglich und ausdrücklich erwünscht, zwecks Anerkennung als Ort des Gemeinwesens, sich mit anderen Institutionen und Handlungsfeldern von (alltäglicher) Partizipation zu vernetzen. Gemeint sind damit neben den beteiligten Familien die ortsansässige Grundschule, örtliche relevante Vereine, der Kirchenvorstand oder der Pastor, die Kommune mit dem Ortsrat und dem Ortsbürgermeister oder dem Stadtdirektor, benachbarte KiTas, die Polizei, die Feuerwehr, Ärzte, Ämter der Jugendhilfe, Geschäfte oder Medien.

Unterschiedliche Kulturkreise und soziale Unterschiede werden als wesentliche Teile des Ganzen und als Bereicherung angesehen.

6.10 Beispiel: Zusammenarbeit mit der Grundschule

Demokratie lernen und lehren erfordert eine kontinuierliche Zusammenarbeit, optimale Abstimmung und Kooperation zwischen KiTa und Grundschule. Beides sind nur Stationen im Lebenslauf des Kindes. In einer am Kind orientierten Grundschule sollten sich Aspekte und Elemente einer guten KiTa-Arbeit wiederfinden, da Kinder, die in die Schule kommen, bereits in der Kontinuität längst begonnener Bildungsprozesse stehen (vgl. Bildungsvereinbarung NRW 2004, S. 8). Beispiele sind ein rhythmisierter Tagesablauf und individuelle, entspannende, handlungs- bzw. situationsorientierte individuelle Lernformen.

Abb. 15: Lernen individuell zu entspannen (Dobrick, M. 2011)

Wichtig ist zunächst jedoch die verschiedenen Rechtslagen zu beachten (KiTa-Gesetz / Schulgesetz). Deutlich werden die Unterschiede bei der Informationsweitergabe. Das Schulgesetz[2] schreibt eine Kooperation mit den Kindergärten vor. Für die Kindergärten gelten aber vorrangig das KiTa-Gesetz (mit seinem eigenständiger Erziehungs- und Bildungsauftrag) und das Datenschutzgesetz.

Deutlich wird die Not-wendigkeit das Datenschutzgesetz anzuwenden bei den Bildungs- und Lerngeschichten. Mit dem Kind gibt es konkrete Absprachen. Sein

---

2   Weitergehende Informationen können u. a. nachgelesen werden in Reichert-Garschhammer, E. (2001): Qualitätsmanagement im Praxisfeld Kindertageseinrichtung, Blickpunkt Sozialdatenschutz. Kronach

Portfolio darf der Schule, anderen Erwachsenen oder Kindern nur nach seiner ausdrücklichen Genehmigung gezeigt und / oder zur Verfügung gestellt werden.

Die Beobachtungsprotokolle, Fotos oder intimen Daten dürfen nur nach Information und Rücksprache (schriftliche Einverständniserklärung) mit den Eltern an die Grundschule und andere Institutionen weitergegeben werden.

Bei näherem Betrachten entdecken wir aber auch die vielfältigen Gemeinsamkeiten von KiTa und Grundschule, die mit Blick auf gelingende Kooperation bedeutsam sind (Strätz, R. 2004; Mienert, M. 2011):

- jede Einrichtung hat ein spezifisches Profil
- beide Einrichtungen legen ein großes Gewicht auf den Einstieg
- beide Einrichtungen sind Bildungseinrichtungen mit einem weit gefasstem Bildungsbegriff
- beide Einrichtung sind für alle Kinder und Familien da
- beide bieten kindgerechte individuelle Bildungsangebote an
- die Eltern haben / zeigen großes Interesse
- Druck durch Erwartungen der Nachfolgeinstitution
- Übergänge müssen vorbereitet und bewältigt werden

Die KiTa ist bemüht das Kind auf die nächste Phase seines Lebens – die Schule – gut vorzubereiten, Erzieherinnen tragen in vielfältiger Form zu einem gelingenden Übergang in die Grundschule bei, indem sie z.B.:

- die Neugierde der Kinder, ihre Vorfreude und Lernbereitschaft unterstützen
- das Selbstvertrauen der Kinder für neue Herausforderungen stärken
- Strategien mit den Kindern entwickeln, wie mit Angst und Unsicherheit umgegangen werden kann
- die sprachliche Entwicklung aller Kinder fördern / fordern
- die Kinder ermutigen vor der Gruppe ihre Bedürfnisse, Anliegen, die eigene Meinung, Wünsche und (konstruktive) Kritik klar zu äußern, Fragen zu stellen und anderen zuzuhören
- die Kinder auf den Perspektivwechsel (Übergang in Grund- bzw. weiterführende Schule) und den Wechsel großes Kindergartenkind / kleines Schulkind vorbereiten
- das Zeitgefühl stärken und Zeitbedürfnisse regulieren
- demokratische Grundwerte vermitteln
- WERT-Schätzung mit den Kindern vorbildhaft praktizieren als Grundlage für das Zusammenleben in der (Schul-)Gemeinschaft

Eine Vernetzung (Bildungsvereinbarungen, Kooperationsverträge) kann und soll stattfinden. Durch regelmäßige Besuche und Hospitationen lernen Lehrerinnen die Arbeitsweise und den eigenständigen Erziehungs- und Bildungsauftrag der KiTa kennen. Sie haben die Chance zu verstehen, dass die Kinder durch eine oftmals mehr als dreijährige Bildung in der KiTa sich viel *Weltwissen* aneignen und sogar politisch und wissenschaftlich gebildet sind. Sie haben Demokratie gelernt und erlebt sowie in Disziplinen wie z.b. Naturwissenschaften Chemie, Physik, Biologie experimentiert und geforscht (Huppertz, N. 2003).

Gemeinsamkeiten werden entdeckt. Der Grundschulverband hat z.b. den Bildungsauftrag festgeschrieben, der in ähnlichem Wortlaut auch für KiTas gelten könnte:»Ein zeitgemäßer Sachunterricht ist der Idee der `Welterkundung` verpflichtet, d.h. er zielt auf die Gewinnung von Handlungskompetenz, wobei das eigene forschend-entdeckende Tun des Kindes das primäre Medium der Aneignung ist« (Huppertz, N. 2003, S. 77).

Not-wendig und wünschenswert ist die Teilnahme von Erzieherinnen und Lehrerinnen an gemeinsamen Fortbildungsveranstaltungen. Hier können wertvolle Inspiration und Bereicherung stattfinden. Ebenso sinnvoll erweisen sich regelmäßige Gespräche (auf gleicher Augenhöhe!) über die Erwartungen, Vorstellungen und Methoden.

6.11 Von der Individualität der Unterschiede

Individualisierung als pädagogisches Prinzip für Grundschulen und KiTas meint, z.B. die individuellen Unterschiede der Kinder und die sich daraus ergebenden Schwierigkeiten und Konsequenzen zu beachten. Eine Fabel *Wenn die Ziege schwimmen lernt* (Moost, N. 1995) macht diesen Anspruch deutlich:

Es gab einmal eine Zeit, da hatten die Tiere eine Schule. Der Lehrplan bestand aus Rennen, Klettern, Fliegen und Schwimmen und alle Tiere wurden in allen Fächern unterrichtet. Die Ente war gut im Schwimmen, besser sogar als der Lehrer. Durchschnittlich war sie im Fliegen und ein hoffnungsloser Fall im Rennen. In diesem Fach hatte sie so schlechte Noten, dass sie nachsitzen und den Schwimmunterricht dadurch ausfallen lassen musste, um für das Rennen zu üben. Schließlich war sie durch die Überei auch im Schwimmen nur noch mittelmäßig … den anderen Tieren ging es ähnlich.

Diese Fabel hat sich bewährt zur Einstimmung auf Elternabende – für überehrgeizige Eltern, ebenso aber auch als Geburtstagsgeschenk für Erzieherinnen oder angehende Lehrerinnen. Sie verdeutlicht einen Not-wendigen Perspektivwechsel gleichermaßen für die Lehrerinnen, Erzieherinnen und die Eltern. Mit Blick auf die nordischen PISA-Siegerländer befinden wir uns am Wendekreis der Pädagogik (vgl. Videodokumentation von Reinhard Kahl, 2002: *Spitze! Schulen am Wendekreis der Pädagogik*). Damit Deutschlands Schulen und KiTas im internationalen Vergleich in Zukunft bessere Chancen haben, an die Bildungsspitze zu gelangen sollten wir:

- bei den Stärken des jeweiligen Kindes ansetzen
- das Kind dort abholen, wo es steht
- uns einfühlen, statt Kinder immer wieder zu entmutigen
- das Kind sensibel und ganzheitlich beobachten
- zu jedem Kind eine intensive und echte Beziehung aufbauen
- mit dem Kind einen echten Dialog führen
- das Kind innerlich / äußerlich (Einverständnis vorausgesetzt) berühren
- dem Kind bedeutsame Angebote machen
- das Kind herausfordern
- das Kind Neu-gierig machen / seine Neu-Gierde bewahren
- dem Kind Zeit, Raum und Gelassenheit geben zum Ausprobieren, Experimentieren, Forschen, Entdecken
- mit dem Kind durch Versuch und Irrtum krea(k)tiv handelnd lernen (fehlerfreundliches *Ferhalten*), Learning by doing
- gemeinsam mit dem Kind mit Freude begreifen
- sich und das Kind in Bewegung bringen
- das Kind entlasten von dem Druck der vielen Dinge, die sie lernen sollen

6.12 Pädagogisches Konzept

Das pädagogische Konzept der Einrichtung integriert Partizipation in den Alltag. Es soll mit allen Beteiligten abgestimmt werden, unbedingt auch mit den Kindern als Experten. Damit ist die Vor- und Nachbereitung eines gemeinsamen Frühstücks ebenso gemeint, wie ein alltäglich wiederkehrendes Ritual (z.B. Gebet, anzünden einer Kerze oder ein Gesprächskreis).

Die Konzeption enthält pädagogische Leitlinien, die das Team in Zusammenarbeit mit Eltern, Kindern und dem Träger erarbeitet hat. Sie dient als Arbeitsgrundlage für die pädagogischen Fachkräfte. Gleichzeitig trägt sie dazu bei, die Arbeit transparent und nachvollziehbar zu machen z.B. für Praktikantinnen, Eltern und den Träger. Bei Bedarf kann sie der Öffentlichkeit jederzeit präsentiert werden und dient somit auch als Werbemittel.

In den vorangegangenen Ausführungen ging es darum, das Pädagogische Konzept der »Mit-Beteiligungs-KiTa« ausführlich darzustellen und die einzelnen Etagen des Hauses dem Leser zu erläutern. Diese Konzeption ist noch nicht fertig. Sie soll ein Impulsgeber sein. Sie ist gedacht als Entwicklungshilfe für möglichst viele kleine und große Experten, die sich auf die Spurensuche wagen. Ich möchte sie ermutigen eigene, spannende, anspruchsvolle Ideen und Fantasien mit und für Kinder zu entwickeln. Gehen Sie gemeinsam mit ihnen auf Entdeckungsreise.

7. Praxisbeispiel

Partizipationsprojekt im Situationsansatz
Die neun KiTas der Stadt Laatzen haben an einer anderthalbjährigen Qualifizierungsmaßnahme zum Situationsansatz des Instituts ISTA der Freien Universität
Berlin teilgenommen. Im Rahmen eines Abschlusskolloquiums im Januar 2011
präsentierten die Teilnehmerinnen die Ergebnisse ihrer Projekte mit vier Teams
in hervorragender, eindrucksvoller und aussagekräftiger Weise.

Im Folgenden soll ein ausgesprochen praxisorientierter Projektbericht von
zwei der beteiligten Erzieherinnen *Sigrid Berger* und *Antje Dahlke-Lübeck* exemplarisch erläutert werden.

7.1 Projektgliederung / Vorgehensweise

Bevor das Projekt begann, gliederten die Erzieherinnen die Vorgehensweise in
einzelne Abschnitte. Zunächst sollte die Situation analysiert werden (Erkundung).
Im zweiten Schritt ging es darum, die Ziele zu formulieren (Entscheiden) und
im dritten Schritt sollten die Ziele umgesetzt (Handeln) werden. Den Abschluss
bildete die Reflexion (Nachdenken). Angeordnet wurden die vier Abschnitte in

Abb. 16: Die Projektuhr (Dahlke-Lübeck, A. 2010)

Form einer Uhr (mit einem Zeiger), die im Gruppenraum mithilfe eines Ständers aufgestellt wurde, sodass Kinder, Erzieherinnen und Eltern jederzeit über den aktuellen Stand des Projektes informiert waren. Ergebnisse wurden mithilfe von Fotos präsentiert und der Zeiger immer auf die aktuelle Lage gestellt.

7.2 Erkunden / Situationsanalyse

Umfeldanalyse »KiTa im Park« Rethen
Der Ort Rethen gehört zur Stadt Laatzen. Erste Aufzeichnungen wurden um 1250 entdeckt. Einen deutlichen Aufschwung erfuhr Rethen durch die Bahnlinie Hannover – Kassel im Jahr 1850. Auch heute gibt es fußläufig erreichbar noch eine gute Zug- und Straßenbahnanbindung nach Hannover und Hildesheim, die für Ausflüge, Theaterbesuche und Erkundungen genutzt wird. Es gibt einen alten Dorfkern, kaum bäuerliche Betriebe und viele verschiedene Neubaugebiete.

Die Nähe des Naturschutzgebiets Leinemasch ermöglicht Radtouren und Freizeitgestaltung in der Natur.

Gemeinsam besuchen viele Kinder Einrichtungen des kulturellen und sozialen Lebens und der Bildung z.B.: den Sportverein, die freiwillige Feuerwehr, den Kunstkreis mit verschiedenen Kursangeboten, Angebote der Kirchengemeinden, die Musikschule, Reiterhöfe, Ballettstudios oder Englischunterricht, das Schwimmbad oder die Bücherei.

Daraus ergibt sich ein reichhaltiges Angebot für Bildung, soziale Kontakte und Freizeitgestaltung. Die Folge ist eine verplante und eingeschränkte freie Zeit zum Spielen.

Lage der Einrichtung
Die KiTa wurde 1968 im alten Park des Ortskerns gebaut. Das Außengelände ist naturbelassen und geprägt durch alten Baumbestand. In der Nähe befindet sich auch die Grundschule Rethen, mit der es, ebenso wie mit dem Sportverein, einen Kooperationsvertrag gibt.

1996 wurde die Zuckerfabrik stillgelegt und abgerissen, es entstand auf dem großen Fabrikgelände ein neues Wohngebiet mit Reihenhäusern, einem Marktplatz und Ärztezentrum. Die Entfernung zum Zentrum der Stadt Laatzen beträgt ca. fünf Kilometer. Wenige Meter von der *KiTa im Park* entfernt entstand 2005 eine weitere KiTa mit dem Namen *Die Insel*. Doch die Plätze waren immer noch nicht ausreichend für die Kinder der Umgebung. So wurde die dritte *KiTa Sehlwiese* in Rethen gebaut.

Beschreibung der Einrichtung
In der *KiTa im Park* werden 120 Kinder im Alter von drei bis zehn Jahren in vier Kindergarten und einer Hortgruppe betreut. Jede Familie kann individuell

ihren Betreuungsbedarf der jeweiligen Lebenssituation anpassen (bis 12:00 h /
13:00 h / 14:00 h oder 16:30 h).

Lebenssituation der Kinder und der Eltern
Der Großteil der Kinder lebt in Wohneigentum in intakten Familienverhältnissen,
mit beiden überwiegend berufstätigen Elternteilen und einem Geschwisterkind.

Einige Familien sind befreundet, verbringen viel Freizeit miteinander, nutzen
die vielfältigen örtlichen Angebote und unterstützen sich gegenseitig bei der
Kinderbetreuung.

7.3 Entscheiden / Zielformulierung

Beschreibung und Beobachtung der Situation
Bei der Ausbildung zum Situationsansatz Modul 1 haben die beiden Erzieherinnen bei der Thematik *Schlüsselsituation* eine Traumreise durch ihre KiTa unter-
nommen. Unabhängig voneinander fiel beiden der nicht einladend wirkende
Eingangsbereich auf sowie der fehlende Name ihrer KiTa. Außerdem empfanden
sie den Eingangsbereich als unordentlich und unsauber, da hier immer Stöcke,
Steine, Sand und im Herbst Blätter lagen.

Intensivere Erkundung
Es folgte der Beschluss, über einen Zeitraum von zwei Wochen, gruppenübergrei-
fend Kinder, Eltern, Kolleginnen und Besucher zu beobachten. Danach setzten
sich beide Kolleginnen zusammen, verglichen ihre Beobachtungen und besprachen das weitere Vorgehen.

Die Beobachtung der Kinder ergab, dass die jüngeren Kinder die Tür ohne
Hilfe von älteren Kindern oder Erwachsenen gar nicht allein aufbekamen. Der
Eingangsbereich wurde lediglich von den Kindern genutzt, um Stöcke abzulegen
und Fahrzeuge zu parken. Aus den Beobachtungen allein war nicht ersichtlich,
wie die Kinder den Eingangsbereich empfinden.

Aus diesem Grund wurde eine Befragung in Kleingruppen direkt vor der
Eingangstür durchgeführt. Folgende Aussagen wurden getroffen:
– »Die rote Wand ist nicht schön.«
– »Man sieht nicht, dass hier ein Kindergarten ist.«
– »Die ganze Wand nur rot finde ich doof und langweilig.«
– »Man kann nicht erkennen, wie unser Kindergarten heißt.«
– »Es sieht gar nicht fröhlich aus.«
– »Man kann nicht erkennen, was es für ein Haus ist und dass man hier spielen
  kann.«
– »Nirgends gibt es ein Schild, wie wir heißen.«

Abb. 17: Der Hauseingang der KiTA Im Park Rethen (Dahlke-Lübeck, A. 2010)

Die Beobachtung bei den Eltern ergab, dass sie Schwierigkeiten haben, ohne Hilfe in die KiTa zu kommen, weil mit einer Hand der Türöffner betätigt und mit der anderen gegen die Tür gedrückt werden muss. Auch hier war durch die Beobachtung allein nicht das Empfinden der Eltern zu deuten.

Die beiden Kolleginnen befestigten an jeder Gruppenpinnwand ein Blatt Papier. Die Eltern wurden gebeten, ihre Meinung aufzuschreiben und mit einem Klebepunkt zu kennzeichnen, was für sie bedeutsam war.

Ergebnis der Befragung war, dass die Eltern wie vermutet den Eingangsbereich abweisend, unattraktiv und wenig einladend fanden.

Der Blick auf das KiTa-Team ergab, dass bisher keine Kollegin und kein Kollege eine Meinung zum Eingangsbereich geäußert hatte. Es folgte eine Befragung im Rahmen einer Dienstbesprechung mit folgenden Aussagen:

- »Schrecklich trist.«
- »Zu dunkel und unfreundlich.«
- »Man kann nicht erkennen, dass hier ein Kindergarten ist und es hier fröhlich ist.«
- »Der Eingang ist eintönig und farblos.«
- »Hier ist nichts Interessantes, nichts, was einen motiviert hineinzugehen.«

– »Ich kann Fremde verstehen, die uns nicht gleich finden. Ich wusste beim ersten Besuch der KiTa auch nicht, dass dort der Eingang ist.«
– »Unser Außengelände ist sehr schön und vermittelt einen positiven Eindruck. Schade, dass der Eingangsbereich so unattraktiv ist.«

KiTa-fremde Besucher (z.B. Handwerker, Paketzusteller) äußerten sich:
– »Ihr Eingang ist aber versteckt.«
– »Wie bekomme ich die Tür denn auf?«

Das Fazit dieser Beobachtungen und Befragungen ist, dass es sich bei dem Thema des Eingangsbereich tatsächlich um eine Schlüsselsituation handelt, die Kinder, Eltern, Besucher und Erzieherinnen gleichermaßen betrifft. So erscheint es lohnenswert, ein Projekt zu initiieren, bei dem alle Beteiligten an den Veränderungen mitwirken können und sollen.

Ziel des Projektes ist es, dass der erste Eindruck von der KiTa im Park positiv sein soll. Besucher sollen schon von weitem den Eingangsbereich erkennen, sich eingeladen fühlen und neugierig auf die KiTa und ihre pädagogische Arbeit werden.

Die Kinder sollen ein Bewusstsein entwickeln, dass sie festgelegte Strukturen verändern, selbst etwas bewirken und tätig werden können und dass ihre Ideen ernst genommen und umgesetzt werden. Konkret bedeuten die Ziele darüber hinaus den Erwerb von:

Ich-Kompetenz
– eigene Meinung äußern und sich mitteilen
– lernen, eine selbst gestellte Aufgabe zu Ende zu bringen

Soziale Kompetenz
– anderen zuhören können
– andere Meinungen akzeptieren und sich darüber austauschen
– Fähigkeit entwickeln, Kompromisse zu schließen
– gemeinsam mit anderen kooperieren, etwas gestalten und bewirken

Sach Kompetenz
– Vorerfahrungen einbringen
– Kreativität und Fantasie entwickeln
– Beschaffung und Umgang mit unterschiedlichen Arbeitsmaterialien
– neue Sachbegriffe und Sachzusammenhänge kennenlernen
– Ideen und Vorstellungen zu Papier bringen
– den Prozess von der Planung bis zur Umsetzung in den einzelnen Planungsschritten erleben

Lernmethodische-Kompetenz
– Handlungsabläufe ordnen, festlegen und kennenlernen

- verschiedene Lösungswege entdecken
- unterschiedliche Möglichkeiten zur Meinungsfindung ausprobieren und lernen

Welche Kompetenzen brauchen bzw. erwerben die Erwachsenen?
- Im Austausch mit den Kolleginnen und den Eltern bleiben.
- Eltern und Kolleginnen über die einzelnen Planungsschritte und den Projekt-verlauf informieren.
- Den Elternkontakt und die aktive Mitarbeit und Teilhabe verstärken und erleben lassen, dass durch Beteiligung bestehende Strukturen verändert werden können.
- Den Träger informieren und Veränderungsmöglichkeiten erfragen.

Orientierungshilfe waren zwei Grundsätze bzgl. der Qualitätsansprüche, die sich aus der Qualifizierungsmaßnahme zum Situationsansatz entwickelt haben.
- Grundsatz 7: Erzieherinnen unterstützen Kinder in ihrer Selbstständigkeits-entwicklung, indem sie ihnen ermöglichen das Leben in der KiTa aktiv mit-zugestalten.
- Grundsatz 11: Räume und ihre Gestaltung stimulieren das eigenständige und kreative Tun der Kinder in einem anregungsreichen Milieu.

Zusätzlich wurden die Bildungsziele (lebenspraktische Kompetenzen, Natur- und Lebenswelt und ästhetische Bildung) aus dem Niedersächsischen Orientie-rungsplan für Bildung und Erziehung erreicht. Kindern, Eltern und Besuchern wurde gezeigt, dass sie willkommen sind. Die Kinder sollen sich mit ihrer KiTa identifizieren, sich darin wohlfühlen und erfahren, dass sie mit ihren Wünschen und Bedürfnissen gefragt sind und sie Spuren hinterlassen können.

7.4 Handeln / Zielumsetzung

In zwei verschiedenen Kindergartengruppen (Mäuse und Igel) wurden in einer Gesprächsrunde die Kinder an die Befragung erinnert. Sie wurden darüber infor-miert, dass die Ergebnisse bei Eltern, Besuchern und Mitarbeiterinnen der KiTa gleichlautend waren: Der Eingangsbereich soll verschönert und ein Kindergar-tenname aufgeschrieben werden.

Es wurde eine Projektgruppe gegründet mit je neun Kindern aus den beiden beteiligten Gruppen und einer interessierten Mutter, die sich nach einem Aushang meldete und bereit war, das Projekt mit den Erzieherinnen zu begleiten.

Bei dem ersten Treffen haben sich die Kinder aus den beiden Gruppen zunächst gegenseitig vorgestellt und sind anschließend noch einmal gemeinsam zum Ein-gangsbereich gegangen.

In einer Erzählrunde berichteten die Kinder von ihren unterschiedlichen Eingangsbereichen zu Hause. Gemeinsamkeiten entdeckten die Kinder darin, dass überall eine Klingel und ein Briefkasten waren.

Die Kinder, die Mutter und die beiden Erzieherinnen besprachen, sich einmal wöchentlich an einem festen Tag zum Projekt *Unser Kindergarteneingang soll schöner werden* zu treffen.

Zu Projektbeginn wurden die Kinder gebeten, Bücher und Bilder von ihren Hauseingängen mitzubringen.

Abb. 18: Expedition mit der Digitalkamera (Dahlke-Lübeck, A. 2010)

Als erster Schritt wurde vereinbart, in Rethen verschiedene Eingänge anzusehen – auch die der beiden anderen Kindergärten, der Schule und der Kirche. Zwei Kinder schlugen vor, einen Fotoapparat mitzunehmen, um alles zu fotografieren, was ihnen gefällt und ihnen wichtig war.

Die entwickelten Fotos wurden bei dem nächsten Treffen in die Mitte gelegt und von den Kindern in der Runde vorgestellt. Jedes Kind beschrieb sein Foto und was ihm darauf besonders wichtig war.

Die Kinder schlugen vor, zuerst die Fotos zu sortieren. Es ergaben sich drei Fotostapel, auf denen Blumen, Fensterbilder und Türschilder zu sehen waren. Dann bekamen alle kleinen und großen Projektteilnehmer zwei farblich unterschiedliche Klebepunkte, die auf die Fotostapel geklebt werden sollten. Rot bedeutete, dass man damit beginnen möchte. Grün zeigte den zweiten Schritt an. Die meisten roten Punkte bekamen die Fotos mit dem Namensschild, gefolgt von grünen Punkten für die Blumen. Somit war – wie vorher verabredet – die Reihenfolge festgelegt. Die Ergebnisse wurden auf ein Plakat geklebt, beschriftet und an eine Pinnwand im Flurbereich gehängt, um alle Eltern und Mitarbeiterinnen der KiTa über den Projektverlauf zu informieren. Diese Form der Info auf der Pinnwand wurde während des gesamten Projektes beibehalten.

Bei der Entstehung des Namensschildes wurde zunächst mit den Kindern gemeinsam überlegt, aus welchem Material das Schild bestehen soll.

Die Kinder hatten viele konkrete Ideen und redeten aufgeregt durcheinander. Die Erzieherinnen baten darum, nacheinander zu sprechen, damit sie alles aufschreiben konnten. Die Vorschläge waren, das Schild aus Holz, Stein, Pappe oder Salzteig herzustellen. Die Erzieherinnen gaben zu bedenken, dass das Schild im Freien hängen würde und lange halten soll. Die Kinder tauschten sich darüber aus, welche Materialien aus der Planung herausfallen, weil sie nicht nass werden dürfen, und welche besonders haltbar sind. Geäußert wurde z.B. dass Pappe aufweicht, wenn sie nass wird, und Salzteig vom Regen ganz weich wird und auch kaputt geht. Beide Materialien wurden deshalb gleich ausgeschlossen.

Holz und Stein hielten der Kritik der Kinder stand und es wurde gemeinsam überlegt, wo man sie herbekommt und wer zeigen kann, wie sie bearbeitet werden. Die Kinder waren ratlos. Es wurde deutlich, dass viele Kinder Handwerker wie Tischler und Steinmetz nicht kannten, obwohl sie in der näheren Umgebung zu finden sind. So kam es zu der Herausforderung für die Erzieherinnen, ihnen den Zugang zu den Erfahrungsräumen und den Berufen zu schaffen und Besuche anzubieten, bevor die Projektgruppe sich für ein bestimmtes Material entscheidet. Die Kinder nahmen das Angebot begeistert an. Vorab wurde den Kindern nichts über das Berufsbild des Tischlers erzählt, da sie es selbst durch Befragung kennenlernen sollten. Die Fragen der Kinder waren z.B.:
– Wie laut sind die Maschinen?
– Wie lange dauert es einen Schrank zu bauen?
– Müssen wir das Holz für das Türschild erst glatt machen?
– Welche Farbe können wir für ein Schild nehmen?
– Können wir mit Buntstiften oder Filzstiften auf dem Schild malen?

Der Tischler zeigte den Kindern, wie man mit Filzstift auf Holz malen kann sowie weitere Möglichkeiten der Beschriftung.

Am Ende des Besuchs schenkte der Tischler den Kindern ein großes Holzbrett und Lack. Eifrig verstauten die Kinder mit dem Tischler das Brett in den Bollerwagen und zogen den Wagen abwechselnd zurück in die KiTa.

Abb. 19: Tischler und Kinder überlegen gemeinsam das weitere Vorgehen (Dahlke-Lübeck, A. 2010)

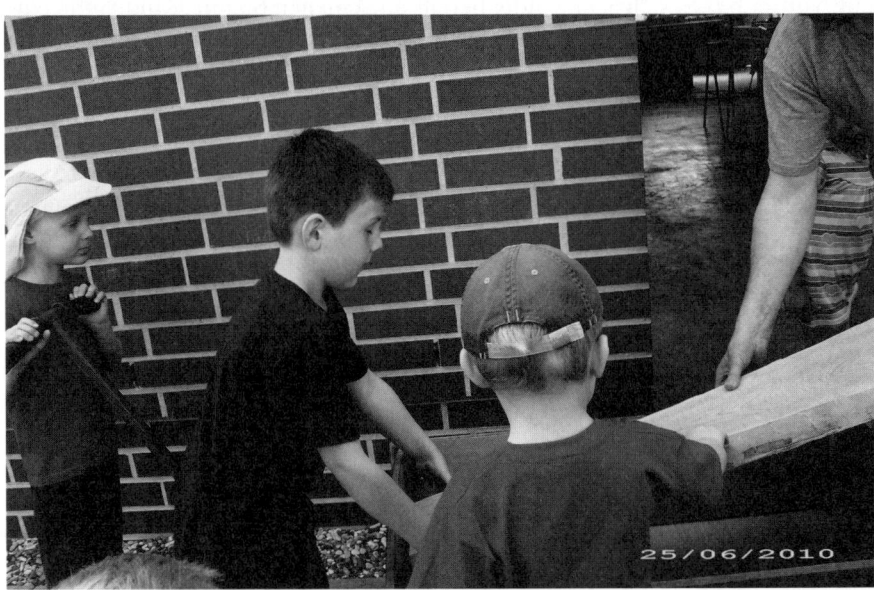

Abb. 20: Das Brett fürs Türschild wird verladen (Dahlke-Lübeck, A. 2010)

Nach diesem Besuch waren die Kinder hoch motiviert und wollten so schnell wie möglich tätig werden. Ihre Äußerungen waren: »Können wir nicht schon mal aus diesem Brett ein Türschild machen? Vielleicht gefällt es uns hinterher ja ganz gut.« »Wir können ja später entscheiden, ob wir es aufhängen wollen.« »Ich möchte trotzdem noch zu einem Steinmetz, auch wenn wir vielleicht das Holzschild nehmen.«

Erneut gab es eine Gesprächsrunde: Das Brett wurde in die Mitte gelegt und die Planung für die Gestaltung des Eingangsschildes begann. Einige Kinder wollten gern Bäume auf das Holzbrett malen mit der Begründung, dass hier viele Kinder und Bäume im Park sind, außerdem sollte unbedingt der Name *KiTa im Park* auf dem Brett stehen. Ein Kind stellte fest, dass das Brett so lang ist, dass beides darauf passt. Die Kinder bestimmten, dass jeder auswählen kann, ob er malen oder schreiben möchte. Die Erzieherinnen wurden gebeten die Buchstaben vorzu-schreiben – den Kindern wurde überlassen, ob sie die Buchstaben ausmalen oder bekleben wollten. Die Kinder wollten lieber kleben, nannten den Erzieherinnen Steine oder Äste als Material und stellten fest, dass sie ja ursprünglich sowieso etwas mit Steinen und Holz machen wollten. Alle Kinder waren zufrieden. Sie sammelten in Sandformen Steine auf dem Außengelände und wuschen sie. Die Kinder wollten bunte Steine und jedem Buchstaben eine andere Farbe geben. Ein Mädchen hatte die Idee, dass sich jedes Kind einen Buchstaben aussucht und ihn in seiner Lieblingsfarbe anmalt. Den anderen Kindern gefiel dieser Vorschlag sehr gut. Vorher hatten sich acht Kinder bereits entschieden Bäume, Kinder und eine Sonne auf das Brett zu malen, sodass für die zehn anderen Kinder jeweils ein Buchstabe übrig blieb. Beim nächsten Treffen wurden die Steine mit drei Grund-farben angemalt, die die Kinder selber mischten. Sie halfen sich untereinander und gaben sich Tipps.

Abb. 21: Anstrengung und Konzentration beim Bemalen der Steine (Dahlke-Lübeck, A. 2010)

Abb. 22: Skepsis und Aufmerksamkeit beim Aufkleben der Steine (Dahlke-Lübeck, A. 2010)

Die Kinder wählten anschließend einen der vorgeschrieben Buchstaben aus und beklebten ihn mit ihren angemalten Steinen. Dabei halfen sie sich gegenseitig, reichten sich die Materialien an und waren interessiert dabei, selbst wenn sie nicht an der Reihe waren.

Abb. 23: Aufmalen der Bäume und Blumen (Dahlke-Lübeck, A. 2010)

Das Lackieren des Türschildes übernahmen die Erzieherinnen allein aufgrund der Befürchtung, dass der Lack gesundheitsschädigend sein könnte.

Das fertige Türschild gefiel den Kindern und Erwachsenen, sodass der Beschluss das Türschild aufzuhängen gefasst werden konnte.

Ein Kind wollte das Schild aufhängen und stellte fest, dass es zu schwer war. So bat es um Hilfe. Auch als andere Kinder mithalfen, war es noch zu schwer. Die Kinder überlegten, wie sie weitere Hilfe bekommen könnten. Nach etwas Überlegung fiel ihnen der Hausmeister ein und sie machten sich auf die Suche nach ihm, um ihn um Hilfe zu bitten. Er kam zum Stuhlkreis dazu und erläuterte, wie er es befestigen würde. Er zeigte die Stellen, in die er Löcher bohren würde, und fragte die Kinder, ob es so in Ordnung sei. Die Kinder waren einverstanden, die Erzieherinnen hielten das Schild hoch und die Kinder riefen »Stopp« als das Schild an der richtigen Stelle zum Festbohren war.

Ein Junge begründete die Wahl der Höhe damit, dass das Schild hoch genug sein müsste, damit sich kein Kind daran stößt. »Ich bin der Größte hier«, sagte ein Junge. Er sagte, dass den anderen auch nichts passiert, wenn er der Maßstab ist. Das Bohren selbst war den meisten Kindern zu laut, sie gingen zum Spielen in den Park.

Stolz stellten sich alle Kinder zu einem Foto auf, nachdem das Schild befestigt war.

Abb. 24: Die Projektgruppe mit ihrem fertigen Türschild (Dahlke-Lübeck, A. 2010)

Ein wesentlicher Schritt des Projektes war bis zu den Sommerferien somit erreicht. Die Kinder, die zur Schule mussten, fanden es sehr bedauerlich, dass sie nicht mehr weiter an der Gestaltung des Eingangs beteiligt werden konnten. Ein Kind äußerte: »Aber das Schild bleibt immer da.« Mit den restlichen Kindern wurde vereinbart nach den Ferien weiter an diesem Projekt zu arbeiten.

7.5 Nachdenken / Reflexion

Gedankenstützen für die Reflexionsrunde der Erzieherinnen waren folgende Fragen:
- *Inwiefern konnte die Situation verändert werden?*
  Es ist durch das Projekt – gemeinsam mit den Kindern – gelungen, den Eingangsbereich positiv zu verändern.
- *Welche Ziele wurden im Hinblick auf die verschiedenen Kompetenzen erreicht?*
  WERT-Schätzender Umgang miteinander, anderen aktiv zu zuhören, andere ausreden zu lassen, andere nicht auszulachen, Kompromisse zu schließen, abzustimmen, sich gegenseitig zu unterstützen, kreativ und selbstständig zu agieren …
- *Welche konzeptionellen Grundsätze spiegeln sich in dem Projekt wieder?*
  Das Projekt konnte von Anfang an (Ideenfindung, Meinungsäußerung) bis zum Ende (Handeln und Dokumentieren), den Grundsätzen sieben und elf des Situationsansatzes entsprechend, unter Beteiligung von Kindern umgesetzt werden.
- *Woran beteiligten sich die Kinder besonders aktiv?*
  Anhand der Fotos fiel es den Kindern sichtlich leicht, sich zu äußern.
- *Welche Methoden kamen bei ihnen besonders gut an?*
  Die Exkursionen und selbsttätigen Handlungsmöglichkeiten kamen besonders gut bei den Kindern an.
- *Welche Erfahrungen konnten Eltern, Kolleginnen und andere Beteiligte machen?*
  Die beteiligte Mutter äußerte z.B.: »Ich habe erkannt, dass Kinder anders denken als Erwachsene und dass ihnen andere Dinge wichtig sind. Erwachsene denken immer schon zu weit voraus. Ich bin erstaunt, wie anstrengend ein Projektvormittag für die Kinder ist.« Die Erzieherinnen hatten z.B. erfahren, wie wichtig es ist, den Kindern genug Raum und Zeit zu geben, ihre Überlegungen in Worte zu fassen und selbst Lösungen zu finden. Anfangs hatten die Erzieherinnen den Eindruck, dass die Kinder – mit erwartungsvollem Blick an die Erwachsenen – ausdrückten: »Sagt uns, was ihr vorhabt und was wir dabei tun können!« Lebhafter wurden die Kinder, als sie ihrer Fantasie freien Lauf lassen konnten. Interessant zu sehen war, was Kinder vollbringen kön-

nen, wenn man ihnen etwas zutraut und sie gewähren lässt. Bereichernd und hilfreich empfanden sie die Gruppen übergreifende Zusammenarbeit und den regelmäßigen Austausch, sowie das Einbringen ihrer unterschiedlichen Stärken und Erfahrungen. Lohnend empfanden sie auch, Eltern mit auf den Weg zu nehmen. Die intensive thematische Auseinandersetzung und Information des Teams zeigt sich inzwischen auch bei Aushängen in der Kita. Zielformulierungen und Handlungsschritte sind darin klar erkennbar.

– *Welche nächsten Schritte sind sinnvoll?*
Es gab eine abschließende Gesprächsrunde (mithilfe eines Erzählsteines) mit den Kindern, die am Projekt teilgenommen hatten. Mehrheitlich waren sie der Meinung:

- »Der Eingang ist jetzt schön.«
- »Es hat Spaß gemacht.«
- »Wir brauchen nichts mehr daran machen.«
- »Wir sind fertig.«

Literatur, die im Projekt verwendet wurde:

Preissing, Christa (Hrsg.) (2003): Qualität im Situationsansatz. Weinheim
Preissing, Christa, Boldaz-Hahn, Stefanie (2009): Offensive Bildung: Qualität von Anfang an. Berlin
Regner, Michael; Schubert-Suffrian, Franziska; Saggau, Monika (6/2009), Titelnummer 393: So gehts. Partizipation in der KiTa. In Kindergarten heute. Freiburg

8. (Un-)Möglichkeiten der Partizipation in Krippen

Kinder sind geborene Lerner
Ein althergebrachtes tief sitzendes Vorurteil besagt, dass Säuglinge und Kleinstkinder hilflos sind. Durch Wissenschaftler unterschiedlicher Professionen ist diese Aussage heute widerlegt. »Bildung ist ein aktiver Prozess des Kindes, der mit der Geburt beginnt und ein Leben lang anhält« (v. Dieken, C. 2008, S. 12). Bildung wird vom Kind selbst gesteuert, bewirkt und kann daher auch als Prozess der Selbstbildung bezeichnet werden. Die neurobiologische und entwicklungspsychologische Kleinstkind Forschung (vgl. z.B. Haug-Schnabel, G. 2011; Grossmann K. E. / Grossmann K. / Bowlby, J. / Ainsworth, M. 2003) konfrontiert uns mit eindrucksvollen Ergebnissen, bezogen auf die Kompetenzen und Lernmöglichkeiten von Säuglingen und Kleinkindern. Sie gibt uns Hinweise, wie mit Kindern dieser Altersgruppe umzugehen ist, wenn man die Potenziale in den verschiedenen sensiblen Phasen auch und gerade in den ersten drei Lebensjahren im Sinne der Förderung der gesamten Persönlichkeit ausschöpfen will. Aus all den Erkenntnissen ist zu schließen, dass bereits unmittelbar nach der Geburt bei einem Baby – wenn man ihm die Gelegenheit dazu gibt – Ansätze vorhanden sind, eine Reihe von Erfahrungen und Entdeckungen zu machen. Es kann bereits unterscheiden zwischen Tätigkeiten der Außenwelt und den eigenen Tätigkeiten. Die Identität ist die Erkenntnis, eine eigenständige Person zu sein und willentlich Dinge in Gang zu setzen bzw. zu beeinflussen (Adam-Laurer, G. 2004, S. 11ff.).

Es wird ein großer und zunehmender Anspruch an die institutionelle Erziehung, Bildung und Betreuung von Säuglingen, Kleinst- und Kleinkindern von nahezu allen Fachleuten, die sich mit entwicklungspsychologischen, medizinischen und soziologischen Fakten auseinandersetzen, gesehen.

Prof. Dr. Wassilos Fthenakis kritisiert bis heute (vgl. Focus 12 / 2004, S. 66) die permanente Unterforderung der Kinder aufgrund unzureichender Ausbildung der Erzieherinnen und der demzufolge fehlenden methodischen Kompetenz. Hinzu kommt, dass der Personalschlüssel (z.B. sind im niedersächsischen KiTa-Gesetz nur zwei pädagogische Fachkräfte in einer Krippengruppe mit 15 Kindern vorgeschrieben. Wenn mehr als sieben Kinder unter zwei Jahren in der Gruppe sind, dürfen maximal 12 Kinder aufgenommen werden) für langfristige und nachhaltig wirksame Qualitätsarbeit nicht ausreichend ist. Hier muss dringend bundesweit auf politischer Ebene nachgebessert werden, um die frühen Chancen in dem bedeutsamen Feld der Kleinstkind Pädagogik nutzen zu können.

Erste Grundlagen für Demokratie können schon in der Krippe implementiert werden, wie nachfolgende Ausführungen beweisen sollen. Es bedarf eines entsprechenden Rahmens und kompetenter, mütterlich-feinfühliger Erzieherinnen (Grossmann K. E. / Grossmann K. 2007), die sich mutig auf den Weg begeben, um die kleinen Kinder bei allen Angelegenheiten, die sie betreffen oder betroffen machen, zu beteiligen.

Es geht hierbei um die Entwicklung folgender Kompetenzen wie z.B.:
- Selbstständigkeit
- Selbstvertrauen
- Eigenverantwortung
- Problemlösungsstrategien

Vor allem geht es darum dem Kind zu helfen, möglichst alles selbst zu tun, ihm nicht Dinge abzunehmen, die es selbst tun könnte (Schuhe anziehen oder zubinden, Tisch abräumen, Spielzeug wegräumen …).

Im Nachfolgenden soll es hauptsächlich darum gehen, die Basis für Demokratie, vor allem mit Blick auf kognitive und sozial-emotionale Kompetenzen zu legen. Kleinstkinder sind nicht kleine Dreijährige, sondern sie befinden sich noch in anderen Reifungsvorgängen. Die Kinder können zum Teil ihre Empfindungen noch nicht allgemein verständlich mitteilen. Unverstandene und unerfüllte Bedürfnisse manifestieren sich, im ungünstigsten Fall, als unbewusste Belastungen. Deshalb sind eine besondere Sensibilität und eine erhöhte Aufmerksamkeit erforderlich. Jede Erzieherin sollte sich noch einmal bewusst machen, dass es in den ersten drei Lebensjahren drei zentrale Entwicklungsaufgaben gibt:

1. Aufbau einer Bindung durch eine individuell auf das jeweilige Kind abgestimmte Eingewöhnungsphase nach dem Berliner Modell (Laewen, H. J. / Andres, B. / Hédevari-Heller, E. 2000, S. 6). Hier noch einmal ein kurzer Hinweis darauf, dass eine unsichere Bindung einen Risikofaktor für die Persönlichkeitsentwicklung darstellt (Adam-Laurer, G. 2004, S. 16f.). Eingewöhnung bedeutet, dass eine Erzieherin – solange wie notwendig gemeinsam mit der Mutter oder einer anderen Bezugsperson des Kindes – dessen Grundbedürfnisse (vgl. Kapitel 3.2.: Die kindlichen Bedürfnisse) in der Krippe befriedigt und sich z.B. um ein angemessenes Maß an Nahrung, Pflege, körperliche und emotionale Nähe, angenehme Rituale, einen vertrauten Orientierungsrahmen durch einen alltäglich gleichbleibenden Tagesablauf, behutsames Heranführen an neue Regeln, Verbote und Gebote, angemessenen Wechsel von Bewegungs- und Ruhephasen sowie Schlaf sorgt. Die Erzieherin bietet dem Kind darüber hinaus Sicherheit, sich seiner Um- / Mitwelt (vor allem anderen Kindern) zuwenden zu können. Für Krippen sind Dienstpläne, in denen die Kontinuität von Bezugspersonen berücksichtigt wird, wertvoll und wünschenswert. Eine Verunsicherung der kleinen Kinder kann dadurch so gering wie mög-

lich gehalten werden. Bei einem Schichtwechsel könnten obendrein wichtige Übergabeinformationen verloren gehen.

2. Erlernen von angemessenen Kommunikationsfähigkeiten und Mustern, sich einfühlen, die Kommunikationsangebote des Kindes (z.B. die verschiedensten Formen des Schreiens und der Körpersprache) wahrnehmen, versuchen es zu verstehen und ihm herausfordernde Angebote machen.

3. Unterstützung der Identität des Kindes (mit eigenen Wünschen, Bedürfnissen und Ansprüchen). Hier ist der Raum als dritter Erzieher von großer Bedeutung (vgl. Kapitel 6.3: Innen- und Außenraumgestaltung). Der Raum als dritter Erzieher muss:

   – an Kindheit orientiert und dem Alter des Kindes entsprechend sicher sein.
   – dem Erziehungs-, Bildungs- und Betreuungsauftrag gerecht werden.
   – Bewegungs- und Entdeckerspielraum anbieten.
   – Forscherdrang, Neugierde- und Wissbegierde zulassen.
   – Rückzugsmöglichkeiten bieten und damit Ablösungsversuche zulassen.
   – Raum schaffen, seinen Körper, seine Kräfte, Möglichkeiten und Potenziale zu erfahren und weiterzuentwickeln.
   – Stimmungen beeinflussen.

Damit die Kinder sich wohlfühlen, aufgefordert werden etwas Neues zu entdecken und zu erkunden, sollten sich die erwachsenen Planer in die kindliche Perspektive hineinhocken: geeignete Fußbodenbeläge, sanfte farbliche Gestaltung, Übersichtlichkeit, natürliches und künstliches Licht, moderate Raumakustik, wenig, aber ergonomisch angepasstes Mobiliar mit flexiblen Gestaltungsmöglichkeiten (z.B. Sitz-Hocker), Spielpodeste, die zum Klettern, Durchkriechen, Drüber laufen und Treppensteigen einladen, niedrig angebrachte Hängematten und Schaukeln zum Entspannen und Üben des Gleichgewichtssinns, Fahrzeuge, Laufstrecken zum Vor- und Rückwärtslaufen, Spiegel (erweitern das Sehen, bieten neue Perspektiven, Chance sich zu verwandeln, sich selbst anzunehmen, anzunähern, in Beziehung zu treten, Mimik und Gestik zu erproben …), Sanitärbereich, der auf die Körpergröße der Kleinsten abgestimmt ist (Toiletten, Waschbecken, Spiegel), eine großzügige Wickelkommode mit Schubfächern, für jedes Kind selbstständig erreichbar, einem tiefen Waschbecken und einer Treppe, um die Selbstständigkeit der Kinder auch hier zu fördern und die Erzieherinnen zu entlasten (Heben). Prismen, Mobiles oder Spiegel über der Wickelkommode, Fenster zum Gruppenraum, um die Kinder dort auch allein spielen zu lassen, Blickfänge auf den Fliesen oder auf den Fußleisten, Waschtröge, niedrig angebrachte Zahnbecherleisten, Handtuchhaken und Eigentumsfächer (zur Förderung der Selbstständigkeit), Duschwannen, Spielzeug, Staffeleien, vielfarbige Massagebürsten, warmes Wasser, um den Sanitärbereich auch als

Spiel, Erlebnis- und Erfahrungsraum nutzen zu können, etc. unterstützen die Gestaltung kindgerechten Raumes.

Darüber hinaus brauchen Krippenkinder kompetente, feinfühlige Erzieherinnen, die sie nicht behindern, sondern, wie Donald Winnicot es ausdrückt: »Sie allein sein lassen in Gegenwart anderer.« Für Jerome Bruner liegt die Aufgabe der Erzieherinnen darin, die Situation für die Kinder zu rahmen.

Einen bestimmten Rahmen sieht auch das Raumkonzept von Emmi Pikler (ungarische Kinderärztin) vor. Es wurde erst 1983 (ein Jahr vor ihrem Tod) bei einer Veranstaltungsreihe in Berlin (West) bekannt. Piklers Konzept verschafft der freien Bewegungsentwicklung Raum und sorgt dafür, dass kleine Kinder die Möglichkeit haben, ihren Körper in eigenem Tempo zu entdecken und selbst weiterzuentwickeln. Das ihr damals zur Verfügung stehende Material bestand vor allem aus Gittern von Betten und Ställchen. Sie dienten nicht nur dem Schutz und der Begrenzung von Kindern, sondern vor allem der Unterstützung, bei den unermüdlichen Versuchen sich hochzuziehen, sich entlang zu hangeln und sich selbstständig auf den Weg in unerforschte Bereiche zu begeben.

Auch in der Reggiopädagogik hat die Umgebung eine bedeutsame Rolle: Das architektonische Grundkonzept hat eine *Piazza* als sozialen Mittelpunkt; große Glasscheiben sorgen auch im Inneren für Transparenz; die Küche hat einen zentralen Platz; der Eingang einer KiTa ist die Visitenkarte. Die Bereiche zum Essen, Schlafen und zur Körperpflege sind mit viel Sorgfalt eingerichtet und gestaltet und bieten auch außerhalb der Schlafzeiten viel Platz und Möglichkeiten zum Klettern und Entdecken. Es gibt Höhlen; Podeste; Schubladen zum Ausräumen mit allem möglichen Zeug zum Spielen, darunter viele reale, ungefährliche Gegenstände aus Haushalt, Küche, Werkstatt; leergeräumte Schränke zum Zurückziehen und Schlafen; Spiele mit Licht und Schatten …

Ich denke, dass die Bedeutsamkeit des Raums als dritter Erzieher durch die vorangegangenen Beispiele deutlich geworden ist. Weitere Aufgaben für die Erzieherin – um den Krippenalltag zu rahmen – kommen hinzu. Damit sich die Kinder zu geraden, klaren demokratischen Menschen entwickeln können, sollten folgende Aspekte beachtet und gewährleistet sein:
- Ermöglichen Sie den Kindern ihre musikalischen Fähigkeiten zu entdecken und weiterzuentwickeln. Lassen Sie sie ihren eigenen Rhythmus finden. Babys und Kleinkinder lieben Musik: sie hören gern zu (auch klassische CDs mit Klaviermusik von Chopin, Zauberflöte von Mozart …), singen mit, vor und allein, sind zum Ausprobieren einfacher Instrumente bereit (z.B. kleine Trommeln, Tamburine, Triangeln, einfache Flöten), tanzen, bewegen sich, malen und gestalten zur Musik (mit Fingerfarben, Rasierschaum, Sprühsahne, Matsch, Knete …).
- Regen Sie alle Sinne und die Emotionalität der Kinder an. Helfen Sie den

Kindern bei der Entwicklung eines sicheren Körperschemas durch Bewegungsförderung. Darauf kann sich das Bewusstsein für die eigene Person und die eigene Leistung aufbauen. Man kann dazu z.B. alles, was Räder hat, nutzen; Verkleidungssachen, Hüte, Helme, Stöckelschuhe, Decken, Kissen, Chiffon-Tücher, Polster, Schaumstoffblöcke, gefüllte Bettbezüge (zum Umherschleppen), Kastanienbad, Wasserbahn, Kartons, Drainagerohre, Bälle unterschiedlicher Größe und Beschaffenheit, Luftballons sowie Papprollen bieten den Kindern vielfältige kreative Aktivitätsangebote. Sicherheitshinweis: Bei allen außergewöhnlichen (Spiel-)Materialien, mit denen die kleinen Kinder in Kontakt kommen, beachten, dass Experimentieren und ein In-den-Mund / Nase / Ohren-Stecken normal sind, aber gefährlich werden können! Darüber hinaus auf Schimmelpilze achten, falls Lebensmittel (Eicheln, Kastanien, Bohnen …) als Spielmaterial benutzt werden. Die Verantwortung und Fürsorgepflicht liegt bei den Erzieherinnen.

– Seien Sie den Kindern sprachlich zugewandt, d. h. z.B. auf Lautäußerungen, Körpersprache und Lallmonologe des Kindes einzugehen, diese zu wiederholen, einen sprachlichen Dialog herzustellen; Lieder vorzusingen, Fingerspiele und Kniereiter anzubieten, Bücher vorzulesen, immer und überall mit dem Kind Buchstaben und Zahlen zu entdecken und später Gegenstände, auf die es zeigt, zu benennen und zu kategorisieren (das ist ein Tier – ein Hund; das ist ein Auto – ein BMW…).

– Ermutigen Sie die Kinder ihre kognitiven Fähigkeiten und enorme Leistungsbereitschaft, ihre angeborene Neu-Gierde, zu nutzen und weiterzuentwickeln. Sie sind bereits in der Lage und hoch motiviert, Probleme zu lösen. Sie sind konzentriert und aufmerksam. Sie können z.B. mit nahezu unendlicher Geduld Holzklötze übereinander stapeln, (Montessori-)Figuren und andere Gegenstände in (vorgegebene) Öffnungen stecken oder Knöpfe in Schachteln und Dosen sortieren …

– Ermöglichen Sie den Kindern selbst zu wählen, z.B. im Morgenkreis (Auswahl der Lieder, Spiele, Sitzplatz …), den Schlafort, die Schlafzeit selbstständig zu suchen, bei Bedarf auch ein eigenes Kuscheltier, eigene Bettwäsche und ggf. einen Nuckel …

– Lassen Sie die Eingewöhnungsphase (Kooperation mit einer Bezugsperson) vom Kind mitgestalten. Es soll z.B. das Tempo für die Ablösung angeben.

– Erlauben Sie den Kindern, ihre Frühstückszeit allein zu bestimmen, sich selbstständig (aus kleinen Kannen) ein Getränk einzuschenken, sich etwas zuzutrauen, soviel (altersgerechtes) Essen selbst aufzutun, wie es möchte, sich auch zwischendurch vom Obstteller zu bedienen …

– Bestärken Sie die Kinder ein eigenes, individuelles Ritual bei der Ankunft zu entwickeln und beizubehalten – solange wie das Kind es braucht (z.B. der

Mama oder dem Papa beim Abschied aus dem Fenster zuwinken) und auch am Ende beim Abschiednehmen und Loslassen (z.B. der Erzieherin zu winken, ihr die Hand zu geben oder sie zu umarmen).
– Ermutigen Sie die Kinder sich allein in der eigenen Zeit Jacke, Schuhe, Hose etc. an- und ausziehen oder sich von einer Erzieherin oder einem anderen Kind helfen zu lassen.

Die Erzieherin sollte bedenken, dass bei Festen und Feiern z.B. auf einen beängstigenden Nikolaus verzichtet und zum Fasching keine Masken oder Kostüme verwendet werden, die Gesichter, Personen entstellen.

Sie sollte mit anderen Institutionen, auf öffentlichen Plätzen oder mit erwachsenen Fachleuten (Nachbarkrippe, Park der Sinne, Marktplatz …) Kontakt aufnehmen, kleine Ausflüge genießen, Zusatzprojekte von Kunstpädagogen, Musik-, Physio- oder Sprachtherapeuten in die Arbeit einbeziehen.

9. Feedback und Evaluation

9.1 Die pädagogische Arbeit vor- / nachbereiten

Während Erwachsene sich die Köpfe heiß reden, häufig zweifeln und sich fragen: »Wie soll das gehen? Wie können die Kinder das schaffen? Was passiert danach?«, belehren Kinder uns oftmals eines Besseren.

Abb. 25: Ideenschmiede im Gesprächskreis (Dobrick, M. 2011)

Sie schaffen sehr vieles mit Engagement, Kraft, innovativen Ideen, Ausdauer und obendrein einer Menge Spaß. Immer wieder passiert es, dass Erwachsene sich aus alter Gewohnheit über die Kinder Gedanken machen, sich sicher sind zu wissen, was diese denken, fühlen und wollen, ohne dass sie gefragt werden. Hierbei gibt es aber eine Gefahr, die von der Erzieherin einen Perspektivwechsel erfordert:

> Wenn wir Kindern gestatten zu denken,
> müssen wir auch damit rechnen,
> dass etwas herauskommt,
> was wir uns nicht gedacht haben.
>
> *Dieter Tiemann*

Für die konkrete Praxis bedeutet dieses Verständnis von Partizipation, dass die Erzieherin Macht abgeben muss sowie Kinder und Mitarbeitende Erwachsene auch bei Reflexionen zu beteiligen sind.

9.2 Rolle und Aufgaben der pädagogischen Fachkraft

Im Folgenden finden Sie eine Tabelle für pädagogische Fachkräfte (Kita-Teams) mit einigen Beispielfragen (gern zu ergänzen) zur Selbstüberprüfung: »Inwieweit sind Sie bereit zur Partizipation?«

Die Ergebnisse können Diskussionsgrundlage sein auf Fortbildungen, Studientagen oder Dienstbesprechungen. Die Antworten auf die Fragen bitte in die drei Spalten einordnen.

☺ Mach ich sehr gern

☺ Kann ich mir nicht vorstellen, dass so etwas möglich ist

☹ Möchte ich gar nicht / geht nicht

Tab. 4: Rolle und Aufgaben der pädagogischen Fachkraft dem Kind gegenüber

Dem einzelnen Kind gegenüber bin ich bereit …			
	☺	☺	☹
… mich einzufühlen.			
… es ernst zu nehmen.			
… ehrlich und authentisch mit ihm umzugehen.			
… seine Bedürfnisse wahrzunehmen.			
… dem Kind Zeit, Raum und Unterstützung zu geben, seine Bedürfnisse und Interessen zu äußern.			
… ihm respektvoll zu begegnen.			

… es in seinem Wert und mit seinen Stärken zu schätzen.			
… dem Kind zu ermöglichen Verantwortung für sich selbst und andere zu übernehmen.			
… es in der Wahrnehmung seiner Rechte zu unterstützen.			
… es zu unterstützen Kontakt zu anderen Kindern herzustellen.			
… es bei verbaler und fairer Konfliktlösung zu unterstützen.			

Tab. 5: Rolle und Aufgaben der pädagogischen Fachkraft der Kindergruppe gegenüber

Der Gruppe gegenüber bin ich bereit …			
	☺	😐	☹
… Kinder zu motivieren, zwecks krea(k)tiver Beteiligung.			
… sie weiter unterstützend zu begleiten			
… zusammen mit den Kindern Grenzen zu ziehen und ggf. Sanktionen zu entwickeln.			
… Gesprächsregeln mit den Kindern zu erarbeiten.			
… Kommunikation und Kooperation zu fördern. Dabei soll das Ich, das Wir und das Thema stets gleichwertig und gleichgewichtig in dynamischer Balance stehen.			

… Meinungen und Vorschläge der Kinder aufzugreifen.			
… leise Kinder wahrzunehmen und ihre Meinungen zu integrieren.			
… Gelassenheit, Spannungen auszuhalten.			
… konstruktives Feedback zuzulassen.			
… Konflikte als Chance für Veränderungen zu nutzen.			
… Kinder zu ermuntern Entscheidungen zu akzeptieren .			

9.3 Die Kinderbefragung

Bei der Kinderbefragung handelt es sich um Interviews mit Kindern; die Bandbreite der Möglichkeiten reicht von einmaliger Einzelbefragung (auch der Kinder untereinander) nach einer gemeinsamen Aktivität bis hin zu einer regelmäßig wiederkehrenden Fragestellung in einer Gesprächsrunde mit einer Kleingruppe, bei geübten Kindern auch mit der Gesamtgruppe. Jedes Kind (und auch jedes erwachsene Gruppenmitglied) kann einen seiner momentanen Befindlichkeit entsprechenden Smiley hochhalten. In einigen Einrichtungen haben die drei Smileys nicht ausgereicht, die Kinder entwickelten zusätzliche. Wichtig ist nicht nur die Abfrage, sondern auch das Festhalten der Ergebnisse in einer Gesamtübersicht: Situativer Ausgangspunkt z.B. für weitere Planungen und Einkäufe.

Die Tabelle ist von den Kindergartenkindern in der entsprechenden Spalte (fröhlich / egal / traurig) auszufüllen (falls sie nicht zeichnen, sondern etwas *aufschreiben* wollen, können sie sich von einem Erwachsenen oder einem älteren Hortkind unterstützen lassen).

Tab. 6: Befindlichkeiten eines Kindes in seiner KiTa

Was macht dir besonders viel Freude in der KiTa?	Was ist dir in der KiTa so ziemlich egal?	Wobei fühlst du dich in der KiTa nicht so wohl, was macht dich traurig?
☺	😐	☹

In der nachfolgenden Tabelle sind die Umfrageergebnisse aus einem Kinderinterview in einer Peiner Kindertagesstätte im Frühjahr 2011 – getrennt nach Jungen (J) und Mädchen (M) – über Aktivitäten, die den Kindern in ihrer KiTa Spaß machen, aufgelistet: Jedes Kind hatte drei Bewertungssmileys. Es war erlaubt alle drei Smileys bei einer Aktivität anzupinnen oder seine Smileys aufzuteilen.

Familie spielen, Malen, Turnen und Basteln waren bei den Mädchen (M) am beliebtesten, wobei die Jungen (J) das Fußballspiel bevorzugten. Insgesamt mögen alle Kinder (G) Turnen – das in der Beispiel Kita überwiegend in Form einer *Bewegungsbaustelle* (vgl. Miedzinski, K. 2000) angeboten wurde.

Die Tabelle bietet sich auch an, um Eltern die derzeitigen Aktivitäten und Schwerpunkte transparent zu machen.

Tab. 7: Was macht Kindern in der KiTa Spaß?

J	M	G	Spaß	Bemerkung
1	3	4	Hängematte	
3	1x	4	Bauplatz	
3	2	5	Schraubbauplatz	

1		1	Zicke Zacke Hühnerkacke	Witzige Bemerkung eines einzelnen Kindes
1	3	4	Puppenwohnung	
1	4	5	Hase Hans Benjamin	Österliches zeitgemäßes Kreisspiel
	4x	4	Memory spielen	
	6	6	Familie spielen	
	2	2	Mit bester Freundin spielen	
3	6	9	Turnen	*Bewegungsbaustelle*, die Eigenaktivitäten zulässt
	6	6	Malen	
3		3	Mit Lego spielen	
6		6	Fußball	
	6	6	Basteln	
		63		

9.4 Diskussionsgrundlagen / Fragen für eine Erzieherin im KiTa-Team

a.) Gesprächsformen in den Kindergruppen:
- Gibt es regelmäßige (ritualisierte) Zusammenkünfte wie Morgenkreis, Kinderkonferenz, Stuhlkreis o.ä.?
- Gibt es Rückmeldungen an andere Gruppenmitglieder?
- Haben die Kinder Gelegenheit, ihre Gefühle zu äußern?
- Haben die Kinder Gelegenheit, Ideen zu äußern?
- Können Erlebnisse, persönliche Eindrücke reflektiert werden?
- Gibt es demokratische Ansätze?
- Gibt es am Gemeinwesen orientierte Themen?
- Werden Unterschiede als Bereicherung aufgenommen?
- …

b.) Rituale:
- Gibt es ein Signalsystem oder andere Hilfen, die den Kindern zur Verfügung gestellt werden, um Gesprächsrunden einzuberufen?
- Gibt es Hilfsmittel (z.B. Muggelsteine, Karten oder eine Kluge Ente), die eine Mitbestimmung der Kinder sichert?
- Gibt es Patenschaften für neue oder ängstliche Kinder?
- …

c.) Regeln und Regelungen in der Kindergruppe:
  – Können die Kinder mitentscheiden, zu welcher Gruppe sie gehören?
  – Werden Regeln gemeinsam aufgestellt?
  – Gibt es Methoden, Regeln festzuschreiben?
  – Sind die Regeln öffentlich zugänglich und für Kinder lesbar?
  – Werden Regeln mit Kindern verhandelt bzw. überarbeitet?
  – Gibt es Konsequenzen beim Übertreten der Regeln?
  – Regeln Kinder ihren Alltag selbstständig?
  – Entscheiden die Kinder selbst, ob sie Hausschuhe tragen wollen?
  – Können die Kinder etwas essen oder trinken, wenn sie Hunger oder Durst haben?
  – …

d.) Verhalten der Erzieherin in Situationen des Tagesablaufs:
  – Werden alle Kinder persönlich begrüßt?
  – Werden alle Kinder persönlich verabschiedet?
  – Gibt es Situationen, in denen Kinder beteiligt werden?
  – Gibt es Situationen im Tagesablauf, wo nur die Erzieherin Bestimmerin ist?
  – Werden Kinder ermutigt?
  – Werden Kinder entmutigt?
  – Leitet nur die Erzieherin die Angebote an?
  – Ist die Sprache der Erzieherin kindgerecht?
  – Arbeiten die Erzieherinnen zusammen?
  – Ist die Erzieherin sich ihrer Vorbildfunktion bewusst?
  – …

e.) Spiel im Kindergarten und auf dem Außengelände:
  – Können die Kinder während der Öffnungszeit frei wählen, womit sie sich beschäftigen?
  – Sind die Spiel- und Gebrauchsmaterialien für die Kinder frei zugänglich?
  – Haben die Kinder das Recht, Erwachsenen oder anderen Kindern den Zutritt zu einem Raum, in dem sie sich gerade befinden, zu verweigern?
  – Können die Kinder zu jeder Zeit das Außengelände nutzen?

Fazit

Nun haben Sie als Leserin hoffentlich einen umfangreichen, theoretischen, praktischen und lebendigen Eindruck davon erhalten, was sich hinter dem Begriff *Partizipation* verbirgt und dass er eigentlich doch gar nicht so schwer verständlich ist.

Mein Ziel war es, Sie zu inspirieren, zu motivieren, Ihnen zuzumuten geduldig und wachsam den Versuch zu wagen, Kinder demokratisch zu beteiligen, an allen Entscheidungen, die sie betreffen.

Kinder haben mehr als nur ein Recht auf Beteiligung. Wir als Erzieher müssen uns gemeinsam mit ihnen auf den Weg machen, Neu-gierig entdecken, ausprobieren, erforschen, ihnen Beteiligungsmöglichkeiten bereitstellen und sie beim Erwerb der Beteiligungskompetenzen unterstützen.

Ich hoffe, dass deutlich geworden ist, dass Demokratie zu lernen und zu lehren, zwar noch in den Kinderschuhen steckt, aber wichtige Mosaiksteine in der Bildungsfrage sind. Aufgrund der vielen Beispiele, zahlreichen Projekte (2004 wurden allein in Niedersachsen mehr als 100 Projekte bei der Gemeinschaftsaktion »Niedersachsen – Ein Land für Kinder« durchgeführt). und Videodokumentationen (u.a. Hansen, R. 2002; Kahl, R. 2002; Tölner, C. 2000) ist hoffentlich gleichfalls deutlich geworden, dass es vielfältige Möglichkeiten gibt, die tatsächlich auch über alltägliche Beteiligungsaktivitäten hinausgehen.

Partizipation ist gut vereinbar mit allen pädagogischen Ansätzen, derzeit vorhandenen (inter-)nationalen Kriterienkatalogen der Qualitätsentwicklung und unterschiedlichsten länderspezifischen Orientierungs- und Bildungsplänen bzw. Programmen (vgl. Münzenloher, I. 2001).

Es mag sein, dass Sie Widersprüche entdeckt haben, in einigen Ansichten und Einschätzungen bestärkt wurden oder durch neue Ideen und Perspektiven ermutigt wurden Neues auszuprobieren und zu wagen, Beteiligungsaktivitäten von Kindern selbstverständlich in den KiTa-Alltag zu integrieren.

Ich hoffe, dass Sie – inspiriert durch dieses Buch – sich trauen neue, bisher ungewohnte Wege auch in Kinderschuhen zu gehen, selbst auf die Gefahr hin, dass der (Kinder-)Schuh ab und zu mal drückt oder Sie Umwege gehen müssen. Jeder Weg beginnt mit einem ersten Schritt.

Es ist gesünder zu hoffen
Und das Mögliche zu schaffen
Als zu schwärmen
Und nichts zu tun
Gottfried Keller

In diesem Sinn wünsche ich Ihnen viel Erfolg und Spaß, unendliche Geduld und die *Entdeckung der Gelassenheit,* die man zur Partizipation von Kindern ebenso wie zum Segeln benötigt.

Literatur

Adam-Lauer, Gisela (2004): Kleinstkindpädagogik in Kindertagesstätten. Vortrag Abschlussveranstaltung Wettbewerb Alice-Salomon-Schule. Hannover

Ahrendt, Hannah (1970): Macht und Gewalt. München

Baumgart, Ralf / Eichener, Volker (1991): Norbert Elias. Zur Einführung. Hamburg

Bayerisches Staatsministerium für Arbeit und Sozialordnung, Familie und Frauen / Staatsinstitut für Frühpädagogik (2003): Der Bayrische Bildungs- und Erziehungsplan für Kinder in Tageseinrichtungen bis zur Einschulung. Entwurf zur Erprobung. München

Bernhard, Luise (1994): Spiel- und Sportkindergarten des Osnabrücker Turnerbundes. In Zimmer, Renate / Cicurs, Hans (Hrsg.): Kinder brauchen Bewegung – Brauchen Kinder Sport? Aachen

Bottenberg, Ernst Heinrich (1996): Eine Einführung in die Sozialpsychologie. Regensburg

Bruner, Claudia Franziska / Winklhofer, Ursula / Zinser, Claudia (Deutsches Jugendinstitut) (2001): »Partizipation – ein Kinderspiel?« (Hrsg.): Bundesministerium für Familie, Senioren, Frauen und Jugend. Berlin

Bundesministerium für Familie, Senioren, Frauen und Jugend (BMFSFJ Hrsg.) (2002): Elfter Kinder- und Jugendbericht. Bericht über die Lebenssituation junger Menschen und die Leistungen der Kinder- und Jugendhilfe in Deutschland. Berlin

Buzan, Tony / Buzan, Barry (1999): Das Mind-Map-Buch. Die beste Methode zur Steigerung ihres geistigen Potenzials. Moderne Industrie AG. Landsberg am Lech

Cohn, Ruth C. (1993): Es geht ums Anteilnehmen. Die Begründerin der TZI zur Persönlichkeitsentfaltung. Freiburg

Cohn, Ruth C. (1994): Gucklöcher. Zur Lebensgeschichte von R. C. C.

Comenius, Johann Amos (1658): Orbis Sensualium Pictus. (Nachdruck 1978: Die Seele der Blumen.) Grandville. Harenberg. Dortmund

Comenius, Johann Amos (1985): Große Didaktik.

De Wall, Karl-Heinz (1993): Niedersächsisches Gesetz über Tageseinrichtungen für Kinder. Kommentar. Wiesbaden

Deutsches Jugendinstitut (DJI) (2001): Partizipation ein Kinderspiel. München

Dewey, John (1938): Experience and Education. New York

Dienel, Peter C. (1992): Die Planungszelle. Opladen

Dieterich, Veit, Jakobus (1995): Johann Amos Comenius. Große Didaktik. Reinbek

Dobrick, Marita (2003): in: Kindgerecht in die Grundschule. Schulanfang und Erstunterricht aus vielfältiger Sicht. Wir werden immer noch nicht ernst genommen. Braunschweig

Dobrick, Marita (2004): Beteiligungs-(T)Räume. Videodokumentation. Peine

Doyé, Götz / Lipp-Peetz, Christine (1998): Wer ist denn hier der Bestimmer. Ravensburg

Dreier, Anette (2004), S. 135ff.: Raum als dritter Erzieher. Handlexikon der Reggio-Pädagogik. Bochum / Freiburg

Dreiske, Hans Herbert (1977): Ideenflucht. Über die Wandlungen des Torsos. Eine Jugendsünde? Lyrik, Prosatexte, Gedichte. Dülmen Verlag

Eichholz, Reinald / Schröder, Richard (2002): Kinder und Politik. In: LBS-Initiative Junge Familie (Hrsg.) (2002): Kindheit 2001 – Das LBS Kinderbarometer. Was Kinder wünschen, hoffen und befürchten. Opladen

Elias, Norbert (1991): Mozart. Zur Soziologie eines Genies. Hrsg. Michael Schröter. Bibliothek Suhrkamp. Frankfurt / Main.

Elschenbroich, Donata (2001): Weltwissen der Siebenjährigen. Wie Kinder die Welt entdecken können. München

Exupéry de Saint, A. (2002): Die Stadt in der Wüste. Citadelle. Düsseldorf
Fthenakis, Wassilo E. (2004): Focus. Heft 12
Fthenakis, Wassilo E. / Textor, Martin R. (2000): Pädagogische Ansätze im Kindergarten. Weinheim
Fthenakis, Wassilo E. u.a. (2003): Trägerqualität. Weinheim
Gopnik, Alison / Meltzoff, Andrew / Kuhl, Patricia (2007): Forschergeist in Windeln. Wie ihr Kind
    die Welt begreift. München
Grossmann, Klaus E. / Grossmann, Karin (Hrsg) (2003): Bindung und menschliche Entwicklung. –
    John Bowlby, Mary Ainsworth und die Grundlage der Bindungstheorie. Stuttgart
Hansen, Rüdiger (2002): Kinderstube der Demokratie. Partizipation in KiTa. Videokassette und
    Begleitbroschüre. DKHW e.V. Berlin
Hansen, Rüdiger (2003): Die Kinderstube der Demokratie. Ministerium für Justiz, Frauen, Jugend
    und Familie des Landes Schleswig Holstein. Kiel
Hansen, Rüdiger / Knauer, Raingard / Sturzenhecker, Benedikt (2011): Was bedeutet Partizipation
    und was macht sie mit der Macht der Erwachsenen? Betrifft Kinder. 5/2011. Kiliansroda,
    Weimar
Haug-Schnabel, Gabriele / Bensel, Joachim (2011) Kinder unter Drei-Bildung, Erziehung und
    Betreuung von Kleinstkindern. Kindergarten heute – Wissen Kompakt / Spezial. Freiburg
Himmelmann, Gerd (2000): Demokratie und Erziehung. Eine Einführung in die philosophische
    Pädagogik. Weinheim
http://www.worte-projekte.de/exupery.html
Huppertz, Norbert (2003): Der Lebensbezogene Ansatz im Kindergarten. Freiburg
Hüther, Gerald (2004): Kinder gezielt fördern. München
Kahl, Reinhard (1992): Lob des Fehlers. Filmdokumentation im Auftrag des Norddeutschen
    Rundfunks (NDR). Hamburg
Kahl, Reinhard (2002): Spitze! Schulen am Wendekreis der Pädagogik. GEW Berlin
Kastner, Wolfram, P. (2005): www.dradio.de/dkultur/sendungen/profil/823211
Kilpatrick, William, H. (1918): Dewey, Kilpatrick und progressive Erziehung. Kritische Studien
    zur Projektpädagogik. Bad Heilbronn (2011, S. 83–144). http://www.mi-knoll.de/63501.html
Klippert, Heinz (1997): Methodentraining. Übungsbausteine für den Unterricht. Weinheim
Knauer, Reingard (2003): nicht veröffentlichtes Vorlesungsskript: Wenn Beteiligung gar nicht
    mehr auffällt: Ein Plädoyer für »Alltagspartizipation«. Bad Segeberg
Knauf, Tassilo (2004), S. 110ff.: Projekte. Handlexikon der Reggio-Pädagogik. Bochum / Freiburg
Knauf, Tassilo (5 / 2005), S. 100ff.: Beobachtung und Dokumentation: Stärken statt Defizitorien-
    tierung. Wahrnehmen – Beobachten – Beachten. In KiTa aktuell ND. Hannover
Korczak, Janusz (1967/2008): Wie man ein Kind lieben soll. Göttingen
Korczak, Janusz (³1987): Verteidigt die Kinder. Gütersloh
Krause-Hotopp, Diethelm (Hrsg.) (2003): Kindgerecht in die Grundschule. Schulanfang und
    Erstunterricht aus vielfältiger Sicht. Braunschweig
Krenz, Armin (2003): Ist mein Kind schulfähig? Ein Orientierungsbuch. München
Kuban, Marina (2003): EntwicklungsTräume … für kleine Kinder. Qualitätsmerkmale in der
    Betreuung von Kleinstkindern. Niedersächsisches Landesjugendamt. Bezirksregierung Hannover
Laewen, Hans-Joachim / Andres, Beate (2002): Bildung und Erziehung in früher Kindheit. Berlin
Laewen, Hans-Joachim / Andres, Beate (2002): Forscher, Künstler, Konstrukteure, Neuwied
Laewen, Hans-Joachim / Andres, Beate / Hédevari-Heller, Eva (2000): Ohne Eltern geht es nicht –
    Die Eingewöhnung von Kindern in Krippen und Tagespflegestellen. Berlin
Lahninger, Paul (1998): Leiten – präsentieren – moderieren. Arbeits- und Methodenbuch für
    Teamentwicklung und qualifizierte Aus- und Weiterbildung. Münster
Lange, Udo / Stadelmann, Thomas (1999): Das Paradies ist nicht möbliert. Räume für Kinder.
    Neuwied
Lifton, Betty Jean (1988): Der König der Kinder. Das Leben von Janusz Korczak. München

Lingenauber, Sabine (Hrsg.) (2004), S. 104ff.: Partizipation. Handlexikon der Reggio-Pädagogik. Bochum / Freiburg

Maslow, Abraham, Harold (1973): Psychologie des Seins. München

Miedzinski, Klaus (2000): Die Bewegungsbaustelle. Dortmund

Mienert, Malte (8.11.2010): Der Übergang von der Kita in die Grundschule. Fachvortrag veröffentlicht im Internet. Lengede

Ministerium für Schule, Jugend und Kinder des Landes Nordrhein-Westfalen (2004): Bildungsvereinbarung NRW. Fundament stärken und erfolgreich starten. Düsseldorf

Ministerium für Arbeit, Frauen, Gesundheit und Soziales des Landes Sachsen-Anhalt (2000): Dokumentation. Kinder haben Rechte. Beteiligung von Kindern und Jugendlichen in Sachsen-Anhalt. Beiträge aus der 2. und 3. Fachtagung »Kinderpolitik« aus den Jahren 1998 und 1999. Partizipation in der Familie, KiTa, Schule und Kommune. Beteiligungsprojekte selber planen und umsetzen. Magdeburg

Molinski, Waldemar (2001): Partizipation aus der Sicht der Würde von Kindern und Jugendlichen. In: Oerter, R. / Höfling, S. (Hrsg.): Mitwirkung und Teilhabe von Kindern und Jugendlichen. Hans-Seidel Stiftung. München

Moost, Nele / Kunstreich, Pieter (1995): Wenn die Ziege schwimmen lernt. Wolfgang Mann Verlag. Berlin

Multhaupt, Hermann (2007): Alte irische Segenswünsche. Möge der Wind immer in deinem Rücken sein. Aachen

Münzenloher, Inge (2001): Qualitätsmanagement in der KiTa. Köln

Niedersächsisches Kultusministerium (April 2005): Orientierungsplan für Bildung und Erziehung im Elementarbereich niedersächsischer Tageseinrichtungen für Kinder. Langenhagen

Niedersächsisches Ministerium für Soziales, Frauen, Familie und Gesundheit (2004) (Hrsg.): Gemeinschaftsaktion »Niedersachsen – Ein Land für Kinder« Hannover

Oaklander, Violet (1981): Kinder sind unsere besten Lehrer. Stuttgart

Pikler, Emmi (2001): Laßt mir Zeit. München

Pikler, Emmi u.a. (1994): Miteinander vertraut werden. Erfahrungen und Gedanken zur Pflege von Säuglingen und Kleinstkindern. Freiburg

Rand, Harry (1991): Hundertwasser. Köln

Remm, Sandra (2011): Überraschungsknete. Kleinstkinder in Kita und Tagespflege. Zeitschrift für die Arbeit mit Kindern unter 3. Freiburg 02/2011

Rinalda, Carla / Projektgruppe Reggio-Hamburg (1990): Wenn das Auge über die Mauer springt.

Rogers, Carl (2009): Klientenzentrierte Gesprächstherapie. Frankfurt / Main

Schiffer, Eckhard (2004): Lern-Gesundheit, Lebensfreude und Lernfreude in der Schule und anderswo. Weinheim

Seeger, Johannes und Keller, Ludwig. (1904 / 1964): Johann Amos Comenius. Das einzig Notwendige. Leipzig / Hamburg

Senatsverwaltung für Bildung, Jugend und Sport (2004): Berliner Bildungsprogramm für die Bildung, Erziehung und Betreuung von Kindern in Tageseinrichtungen bis zu ihrem Schuleintritt. Berlin

Stange, Waldemar (1996): Planen mit Phantasie. Zukunftswerkstatt und Planungszirkel für Kinder und Jugendliche. Praxishandbuch und Videokassette. Deutsches Kinderhilfswerk Berlin.

Strätz, Rainer (14.9.2004): Fachvortrag »Lebendige Elternarbeit« Vechelde

Strätz, Rainer (2002): Fachvortrag auf der Fachmesse am 1.10.2002 »KiTa bildet ... von A–Z«. Skript S. 7. CD des NLJA. Hannover

Thurn, Susanne / Tillmann, Klaus-Jürgen (Hg.) (1997): Das Beispiel Laborschule Bielefeld. Unsere Schule ist ein Haus des Lernens. Reinbek

Töllner, Claudia (2000): Unser Schulhof wird genial. Schulhofgestaltung am Schulzentrum Schaff-
    lund. Ein Beteiligungsprojekt. Praxishandbuch und Videokassette. Deutsches Kinderhilfswerk
    und Aktion Schleswig – Holstein – Land für Kinder. Berlin
van der Voort, Dörthe (2004), S. 122: in Handlexikon der Reggio Pädagogik. Bochum
van Dieken, Christel (2008): Was Krippen Kinder brauchen: Bildung, Erziehung und Betreuung
    von Unter-Dreijährigen. Freiburg
von Hentig, Hartmut (1996): Bildung. München
Watson, John Broadus (1968): Behaviorismus. Köln
Wegner, Bettina (1979): Wenn meine Lieder nicht mehr stimmen. Hamburg
Zimmer, Renate (2001): Alles über den Bewegungskindergarten. Freiburg

Zur Autorin

Marita Dobrick
Am Haferkamp 14
31234 Eickenrode
marita.c.dobrick@web.de

Marita Dobrick, geboren 1955, ist Erzieherin, Diplompädagogin, Supervisorin, Kita-Fachberaterin, Erziehungswissenschaftlerin, Lehr- und Forschungsbeauftragte an der TU Braunschweig im erziehungswissenschaftlichen Fachbereich, Leiterin des Instituts für angewandte Pädagogik und Familienhilfe in Peine und Autorin.

Ihre Schwerpunkte sind Forschungs- und Beteiligungsprojekte in der Kinder- und Jugendarbeit sowie Bildungsangebote und Qualifizierungskurse für Eltern, Lehrerinnen, Sprachförderfachkräfte und (Krippen-)Erzieherinnen – auch auf dem Gebiet von Zeit- und Stressmanagement »Burn on«.

Frühe Bildung und Erziehung

V&R

Brita Schirmer
**Herausforderndes
Verhalten in der KiTa**
Zappelphilipp, Trotzkopf & Co.

Frühe Bildung und Erziehung
2011. 160 Seiten mit 5 Abb., kartoniert
ISBN 978-3-525-70163-8

In jeder Gruppe gibt es Kinder, die
durch ihr Verhalten wie z.B. großen
Bewegungsdrang, Aggression oder
Abgrenzung von anderen Kindern
stärker herausfordern als andere.
Wie kann man sie in den KiTa-Alltag
einbinden und förderliche Rahmenbedingungen für ihre Entwicklung
schaffen?

In drei Schritten werden konkrete
Möglichkeiten der Überprüfung
und des Umgangs mit aggressivem
Verhalten, ADHS und Asperger-Syn-
drom aufgezeigt:
I. Was kann ich beobachten bei ...
II. Was muss ich wissen über ...
III. Was kann ich tun bei ...
Dieses Wissen hilft nicht nur dem
Kind, sondern reduziert auch die
Arbeitsbelastung der ErzieherInnen.

André Frank Zimpel
**Lasst unsere
Kinder spielen!**
Der Schlüssel zum Erfolg

Mit einem Vorwort von Gerald Hüther
Frühe Bildung und Erziehung
2011. 158 Seiten mit 9 Abb. und einer Tab., kart.
ISBN 978-3-525-70129-4

André Frank Zimpel zeigt, dass
sich niemand entschuldigen muss,
wenn er sein Kind einfach nur
spielen lässt! Im Gegenteil: Neurobiologische Erkenntnisse belegen
die Bedeutung der psychologischen
Wirkung des Spiels auf die Entwicklung des Gehirns.

Was bedeutet das für die Bildung
und Erziehung von Kindern? Wie
wirkt sich Spielen auf Aufmerksamkeit und Lernen aus? Kann man aus
dem Spiel der Kinder etwas über
ihre nächste Entwicklungsstufe
erfahren? Und wie hängt Spielen
mit Denken und Wahrnehmung
zusammen?

Vandenhoeck & Ruprecht